U0510961

集人文社科之思　刊专业学术之声

集 刊 名：社会建设研究

主办单位：清华大学公共管理学院社会组织与社会治理研究所
　　　　　东莞社会建设研究院

Social Empowerment Studies, No.9

社会建设研究（第九辑）

集刊序列号：PIJ-2014-115

中国集刊网：www.jikan.com.cn

集刊投约稿平台：www.iedol.cn

Social Empowerment
Studies No.9

社会建设研究

（第九辑）

社会科学文献出版社
SOCIAL SCIENCES ACADEMIC PRESS (CHINA)

目　录

CONTENTS

主题对话：城市空间与社会生成

案例论文

探索争鸣

地方实践

CONTENTS

▶ Exploration and Free Views

▶ Local Practice

主题对话：城市空间与社会生成

回归儿童：社区公共空间营造与儿童参与*

王竟熠　张　潮**

摘　要： 随着"儿童友好型城市"的建设逐渐成为国际城市发展的主流趋势之一，了解儿童的想法、让儿童最大限度地参与其中，是创造儿童友好型城市环境的关键。作为现代社会治理中的重要组成部分，非营利组织也在儿童公共参与领域开始了服务和实践创新。其中，由 A 社工服务中心组成的"社区营造项目组"在 G 省 X 社区开展的系列实践突破了重重困境，是一个创新的案例。本文致力于通过深描案例，揭示非营利组织如何创造性地推动儿童参与，解决社区参与中遇到的种种难题，从而助力儿童友好型城市建设的进程，探索城市社区公共空间推动儿童公共参与的可能路径。

关键词： 儿童参与　社区公共空间　非营利组织　公共参与

一　问题的提出

"儿童参与"作为一个专有概念，最初来源于儿童权利领域。儿童参与是指儿童有机会亲身参与到广泛的家庭、学校、社区的生活之中，接触真实的自然界和社会生活，获得丰富、均衡的生活体验和教育实践，从而更好地发表意见、更为全面地发展（张潮，王竟熠，2019）。儿童在参与中获得了从社会资本的消费者发展成为社会资本的创造者的机会（Martikke et

---

* 本文受 2019 年"苏州大学'大学生创新创业训练计划'"国家级课题（项目编号：201910285006Z）的资助以及看见未来儿童智库资助课题"城市社区公共空间对于儿童发展的中美比较研究"（项目编号：2018CCTTA02）的资助与支持。感谢清华大学张雪博士在田野调查等阶段给予的帮助，感谢匿名评审的评审和修改意见。

** 王竟熠，苏州大学政治与公共管理学院本科生，主要研究方向是儿童政策、公共参与；张潮，通信作者，管理学博士，中山大学传播与设计学院副教授，清华大学公益慈善研究院研究员，主要研究方向是公共传播、非营利组织管理与社会政策。

al.，2018）；并在社会互动中更多地了解自己的能力，提高团队合作、沟通等技能（Sinclair，2004；Hill et al.，2004）。从更广阔的层面来看，儿童的参与将儿童视为积极的决策者和变革的推动者，助力更加民主、包容的社会发展（Joubert et al.，2015；Kelly & Smith，2016）。作为家庭、学校之外的更大单元，社区为儿童的广泛参与提供了更大的空间和可能，也是儿童福利体系中不可或缺的"最后一公里"（陆士桢，2017）。儿童的身份认同、公共参与和发展与其所出生和成长的社区环境状况密切相连，有效的儿童社区参与也需要专业的社区非营利组织开展专业的服务设计（孙莹，2004；张潮，王竟燏，2019）。现如今，非营利组织正越来越多地通过各种创新的服务和实践，让儿童与社区形成链接，推动他们成为社区生活中的积极参与者（Gill，2008）。

其中，由 A 社工服务中心组成的"社区营造项目组"在 G 省 X 社区的系列实践中突破了层层阻碍，是一个值得进行历史维度深描和框架分析的典型案例。其与学校合作，招募亲子义工家庭，以社区公园为依托，发起环保家庭总动员、生态环保路径探索计划等一系列社区营造项目，通过儿童参与联动家庭成员，撬动居民对社区事务的广泛关注。同时，在这一过程中，联动居民意识到儿童的积极作用，鼓励和推动儿童对社区营造发表自己的意见和看法，在积极的互动和交流中与成年人一同展开行动，携手营造更美丽的可持续生态城市社区公共空间。

二 "熟悉"又"陌生"的社区公共空间

X 社区位于 G 省北部，G 省是我国东南沿海经济发达省份之一，X 社区所在地是一个历来具有桑基鱼塘特色的鱼米之乡。村内环境优美，树木葱茏，鸟语花香，人与自然和谐相处。全村面积约 5.8 平方公里，现有耕地 2800 多亩，主产塘鱼、蔬菜、花卉等；工业区面积约 600 亩，环境配套设施完善，布局合理。常住人口 6233 人、1600 多户，另有外来人口 5500 多人。村内交通便利，建有学校、幼儿园、医院、公园、文化广场等公共设施。A 社工服务中心成立于 2013 年 10 月，是在全国大力扶持发展民间社工组织的大环境下，由当地的社会工作局孵化和培育，本土社工和公益青年共同筹办的非营利社会服务机构。2014 年，A 社工服务中心正式进驻 X 社区。

社区公园位于 X 社区的中心，由旅居国外的原 X 社区居民陆先生和村里集资建成，是广大社区居民最为熟知的休闲娱乐空间。公园景色优美，令人心旷神怡。但作为公共设施和公共空间，园内乱扔垃圾、标志物人为污损等不文明现象屡屡发生。政府曾投入大量资金对这一公共空间进行升级改造，效果却不甚理想。A 社工服务中心进驻 X 社区之初，试图通过劝说居民尤其是常在公园活动的老年人注重环境卫生，但由于大多数老年人缺乏环境保护意识、对作为"外来力量"的社会组织缺乏信任而产生抵触情绪等问题，收效甚微。A 社工服务中心在推进公园环境改造的进程中频频受阻，迫切需要一种解决之道。

> 后面我们就想啊，如果要改变那个村里面老年人的这些想法，我们用什么群体介入是最适合的，然后想了非常非常久，想到在家里面老人家最听小孩子的话。（A 社工服务中心总干事访谈记录）

由此，通过"儿童"这一群体来改变社区老年人的想法悄然而生。A 社工服务中心试图通过第二课堂、周末户外课堂等形式，帮助儿童树立环境保护意识，开展环保行动。而这一创新想法恰巧与社区所属地小学推行儿童全面发展的理念不谋而合，因此得到了校方的大力支持。A 社工服务中心以每周的"参与式公园管理"活动为试验，带领孩子们开展公园清洁和维护的工作。孩子们的小小举动潜移默化地影响着身边的老人，不出所料，公园环境得到明显改观。之后，A 社工服务中心又在学校的支持下，进一步推进家庭教育讲座。通过学校的宣传和孩子们的力量，该活动成功吸引了家长，从而带动了社区中更多的中年人参与到公园环境维护的行动中来。

儿童的环保行动切实改善了社区公共空间的环境，儿童的参与更是有效地带动了居民对社区事务的广泛关注，这令村委和基层政府都感到十分欣慰。A 社工服务中心也是在这一过程中发现了"儿童"这一群体的巨大能动性，以及"儿童参与"在推进社区营造中的重要作用。2015 年，随着美城行动的持续深入推进，X 社区对于环境改造的要求和目标不断升级，范围也从公园向周围的学校、文化广场等不断扩大。同时，"儿童友好型城市"这一全新的城市发展理念也在中国的土地上生根发芽，逐渐得到包括 G 省在内的经济发达省市的关注。"儿童参与"作为儿童友好型城市建设的重要维度之一，逐渐引起更多人的重视。以 G 省为首的全国多个省市对建设

"儿童友好型城市社区"，落实"儿童参与"进行了理念和实践探索，并纳入"十三五"规划。A 社工服务中心正是在这时找准了两者的结合点——以社区营造为契机，不断推动"儿童参与"；又通过"儿童参与"，持续助力 X 社区生态环境的改善和公共空间的营造。这一想法得到了居民、村委、基层政府等的一致认可和大力支持，之后的"环保家庭总动员""生态路径探索计划"等一系列以儿童参与为中心的社区营造项目也由此应运而生。

三 社区公共空间的营造与儿童公共参与

（一）阶段一：提高儿童对社区环境的了解与关注

在"参与式公园管理"开展的过程中，细心的社工们发现孩子们因对他们感到比较陌生，言语和行动比较拘谨，从而活动开展的效果也受到了一定的影响。

> 他们可能以为我们是老师，只会单向式地用权威告诉他们怎么去做。但我们并不希望来教育他们，而是他们能有些想法，向参与者的角色转变。（A 社工服务中心总干事访谈记录）

遇到这些问题后，社工们与学校积极联络和沟通，希望通过"生态种植""鸟类观赏"等生命教育课堂，拥有更多的与孩子们接触和相处的时间。在这一过程中，社工们通过启发性的教育引导他们回答和思考问题，慢慢改变了孩子们的认知，也拉近了彼此间的距离。

同时，A 社工服务中心的社工在与学校老师的交流中了解到，很多孩子的课程作业和课外作业比较多，家长也更多地将关注点聚焦在孩子们学业的发展上。因而，如何平衡学业压力与社区营造活动、得到家长们的理解和支持，又成为一道现实难题。于是，社工们灵机一动，想到不如借助一些亲子活动，让家长和孩子一同参与其中，以此来改变家长们在观念上的认识。一方面，家长或许能在亲身体验中对活动的初衷和目的有新的理解；另一方面，工作繁忙的家长也能够拥有更多的与孩子们互动的机会。

由此，A 社工服务中心招募学生和家长成立亲子义工队伍，并于 2015年发起"环保家庭总动员"项目，正式拉开了儿童参与社区营造的帷幕。废物再造、公园美化涂鸦、公园寻宝、家庭教育讲座等一系列生动有趣的亲子互动体验，也有了不错的反响。

之前家长对于社区营造的工作都是观摩的状态，也难得有时间参加。我们当时就是抓住"亲子活动"这一点，家长比较愿意，也给了他们可以放松的借口。之后他们的观念也有所转变，了解到我们背后的根源，认同学生应该全面发展。知识不是最重要的，学会做人才最重要。（A社工服务中心总干事访谈记录）

克服了重重困难的A社工服务中心，也在熟人社会里慢慢建立起了人际关系网络；社区营造的工作也在多方的支持下，初有成效。2016年，社区环境营造要求不断提升，范围不断扩大，社工们希望通过孩子们的力量，将环保的理念扩散到更广阔的社区公共空间中。然而，在与孩子们的相处中，社工发现平日里"学校—家庭"的两点一线生活，让他们很少有真正走近大自然的机会，对社区大环境的了解也不深。因此，A社工服务中心与"环保家庭总动员"一同发起"生态路径探索计划"，旨在以此为契机，帮助儿童熟悉X社区的生态环境，并展开行动。

社工通过骑行、社区漫步等方式，带领孩子们走访了X社区的主干道和河堤边道路。之后，孩子们又在老师的指导下从生物多样性、安全性、距离村中心位置、开展活动便利性、环境污染这五个核心维度对考察路段进行观察和描述。最后，在学校、村委的宣传下，吸引了100多位村民前来投票。其中，D街以50票胜出，成为"生态路径探索计划"的正式选址。后续的社区公示、项目启动仪式、成果展示、以植物为主题的摊位体验等向村民生动地展示了A社工服务中心所践行的生态环境服务，提高了项目在社区中的知晓度，吸引了更多的人加入行动。儿童犹如催化剂一般，帮助社会组织与更多的社区成员建立了联系，并激发着更广泛的参与（Wood et al.，2011）。

（二）阶段二：增进儿童对生态知识的学习与应用

2016年至2017年，生态路径探索计划如火如荼地开展。A社工服务中心先后举办"生态路径探索小组活动"10场、"科学试验站小组活动"10场、"体验real生态——外出学习暨团建活动"1场。在探索活动中，社工邀请学校的生物教师，教育孩子们利用记录表、放大镜、植物识别软件等工具，观察并记录路径上的动植物种类、形态特征、生长环境等，再由教师通过 PPT、生态纪录片等形式讲解专业的生物知识。"科学试验站小组活动"则进一步让孩子们通过植物观察、水系统观察、生态瓶制作等，认识和理解光合作用，并观察环境污染的具体表现。户外"第二课堂"的顺利开展大大提升了孩子们参与的意愿和热情。

> 我自己很想去！天天在家里、在学校做作业累了，就可以去外面玩，而且还可以学到有关大自然的很多知识！不然就要一直学习。（X社区儿童 M 访谈记录）

孩子们对活动的热情使日后更为持续的参与成为可能（Trott，2019）。同时，当地小学德育工作方面的开展也在 A 社工服务中心的大力帮助下，得到了当地教育局的表彰和赞赏。基于此，学校规划在未来为孩子们提供更多运用知识、动手实践的机会，以继续贯彻儿童"全面发展"的教育理念。

然而不久后，学校的美好愿景就在老师们面临着大量教学任务安排的现实压力下，逐步走向破灭。了解到学校所面临的难题，A 社工服务中心积极与之开展沟通和交流，希望通过社会组织的力量，帮助其打破现有的困境。之后，社工们便通过走访观察，寻找合适的解决办法。在同居民们的交流中，他们了解到村内保留了很多原有的宅基地，村民与土地有着很深的情感联系，对种植蔬果也有很大的兴趣。于是，在同 X 社区"两委"和居民代表协商之后，A 社工服务中心挖掘并引入永续设计理念中的"社区花园"和"可食地景"概念，旨在将村内闲置的公共空间转变为社区资源，在深化社区环境改造的同时，为孩子们提供更多的动手实践的机会。这一创新的想法让老师们眼前一亮，村委、社工、学校也对在小学建立"社区花园"试验点的提议达成了共识。2017 年，社区花园公共空间改造计划便是在这样的背景下诞生的，开拓了社区营造的新方向。

在社工的带领下，孩子们利用劳动课的时间，在学校花园试验点种植和培育蔬果花卉。在先前积累了大量植物知识的基础上，孩子们学以致用，熟能生巧。一系列丰富的动手实践帮助孩子们提升了参与的能力，并加深了其与社区事务间的联系。与此同时，更多的孩子也在好朋友的影响之下参与进来，这让社工们十分高兴。

我最难忘的就是种向日葵！种子是生态路径给的，我们自己去打水种植。后来一有时间我都会去看它。（X 社区儿童 R 访谈记录）

然而，随着活动进程的不断深入，在对接和引导大量孩子的过程中，社工们开始逐渐感到力不从心。一方面，组织人手不足的情况开始显现；另一方面，社工们缺乏更专业的生态知识，这也给社区花园改造计划的推进带来了困扰。于是，社工们通过协商决定继续引入家长们的力量。

邀请家长非常有效！家长在的时候，我们连教育的这个角色都可以慢慢放低。家长有很多意见和思考，他们也会带来社区里面的各类资源。比方说，一些家长有园林知识，就会主动地过来分享。（A 社工服务中心总干事访谈记录）

通过家长的介绍与牵线，A 社工服务中心与某大学园林设计系的师生取得了联系。在专业力量的加入下，进一步引导孩子们进行花园景观设计，帮助他们将学习到的生态知识更好地付诸实践。多方的齐心协力，弥补了社会组织的能力专有性和外部资源的不足（王名，蔡志鸿，2019；张潮，2018）。这让"社区花园"计划打破了层层阻碍，开展得愈发火热。A 社工服务中心也在这一过程中积累了更多的人脉。之后，A 社工服务中心又在家长们的提议下，与小学联合发起了"爱心菜园基金"，旨在为孩子们提供成果义卖的平台，以帮助社区里的弱势群体，并借此机会，联动更多人的力量。孩子们在这一过程中也锻炼了自己的表达能力和社交能力，儿童参与的效果由此大幅提升。

孩子们会从菜园摘一些东西，也会亲自做一些小盆栽，然后在瓶瓶罐罐上面画画。当时我们会定期搞一个嘉年华，春节也会去卖。最后收到的钱由家委会负责管理，捐助给社区里的一些长者，或者是学校里的一些贫困家庭。（A 社工服务中心社工访谈记录）

（三）阶段三：助力儿童参与社区事务的商议与决策

2018 年，X 社区因其系列环境改造项目的成功开展，获评区内首批社区营造示范点称号，A 社工服务中心所发挥的积极作用与影响力也得到了政府的赞许与认可。

社工们在以往的经验中发现，通过与社区居民建立关系、形成组织，再由社区人自己去宣传和推广的模式，在依赖于人情交换的乡土社会中极为有效。然而，过去的实践更多地将出发点与落脚点着眼于本土居民，忽视了 X 社区近半数外来人口的庞大力量。

> 社区里面建立的关系层还是比较浅的，他们（外来人口）更多的网络是在外部，不在这个社区里面产生。但我们也希望能把他们连接起来。（A 社工服务中心理事长访谈记录）

由此，为了突破这一难关，社工们想到集合孩子们的力量，立足改造之后的公园开展"生态路径导赏"活动。借此机会将生态实践成果和社区环保的理念加以传播，辐射并联动社区外来群体。于是，A 社工服务中心组织举办"'话'出我们的生态路径资源地图"集思会两场，与孩子们一起就生态路径上的资源进行汇总和整理。同时，孩子们也积极踊跃地结合所学知识，从资源地图的专业性、科普性、美观性方面提出了"利用描边的方式将生物种类的线条描绘出来，使其形态特征更清晰"；"把学习过的植物名称、属性、生长环境标注在介绍牌上"等的建议。之后，孩子们有序分工，为路径制作植物标牌，并在沿途种植树墩和花卉加以装饰。这一举动成功地吸引了许多社区外来居民前来参观，甚至主动加入了美化行动中。同时，A 社工服务中心也继续开展与某大学的合作，邀请到了林学与风景园林设计学院的讲师，在热烈的互动中，与孩子们一同进行导赏知识、自然笔记、植物观察及导赏路线的探讨与设计。

另外，学校"社区花园"试验点吸引了许多其他社区居民前来参观，也受到了基层政府的关注。与政府的连接将有利于促进更有力的社区建设策略的制定和完善（Chaskin，2003）。在同政府的交流中，社工们了解到，政府希望充分调动基层群众的自治力量，进一步将可持续生态花园的理念在社区中推广，打造出具有本土特色的社区营造发展之路。但是，在 A 社工服务中心进驻 X 社区之初，他们就在推进基础服务建设的过程中，在与村委、居民等的交谈中，意识到社区民众对政府的信任度并不高，居民和基层政府之间的社会资本比较薄弱。

居民还是觉得政府在为他们的这些行为买单。虽然说这个社区是熟人社会，社会关系好，但是他们……其实不太信任政府的某些政策。哪怕是好的（政策），他们也不信任。（A社工服务中心理事长访谈记录）

因此，单靠政府将指令逐级下达，来调动群众的力量，效果显然欠佳。于是，社工们想到，还是应从"关系"和"情感"这两个维度出发，发展和动员社区居民之间的横向社会资本，推动社会自治来攻克这一难题。

我们在村委会的支持下，又租了四亩地。我们讨论的思路是，把这些公共空间的"可食地景"概念通过这四块地分散到各个家庭里面去。通过这样的一个过程，再把这些理念和关系重新地整合起来。（A社工服务中心理事长访谈记录）

由此，社工与热心的居民、家长、孩子们组建了社区花园委员会，旨在探讨社区生态花园的建设，并将其运作模式通过家庭的力量，应用和扩散开去。通过田间地头的走访，成员们就花园效果图召开集思会，并与专业景观设计师就完善社区花园的基础设施、景观摆设等具体措施进行交流。孩子们将学习到的知识与实际情况相结合，在集思会上争先恐后地提出了许多让人眼睛一亮的"好点子"。其中，依据"可食地景"的理念，将社区花园划分为休闲游玩的"娱乐观赏区"和种植蔬果的"劳动实践区"；用轮胎和木材搭建游戏场地等创新想法就得到了大家的广泛认可和支持。之后，通过废旧轮胎和废旧奶粉罐等资源的收集与涂鸦、红砖和泥土的购买、植物选购等，孩子们将花园内的景观元素与区域环境特征巧妙结合，打造出富有地域性特色及生态可持续发展理念的景观品质。

社工、老师、居民们在定期召开的集思会上，充分听取和吸收孩子们的意见与想法，他们的角色也从最初的任务"参与者"和"执行者"，逐渐转变为问题的"发现者"和意见的"提出者"，最后成为事务的"商议者"和"决策者"，参与的程度也因此大幅提升。与此同时，社工们也克服了阻碍，成功践行"将环境改造从公共空间回归个人家庭，再让关系从个人家庭重回社区里"的治理理念。A社工服务中心培养了社区居民对社区营造事务的积极性和能动性，有效地激发了基层群众自治的有生力量，这也是社会组织最为核心的功能所在。

四 社区共同体与儿童发展

2015 年至今，A 社工服务中心开展的系列社区营造项目创造性地为儿童打造了参与社区事务的平台和机制，使其参与的意愿、能力、效果、程度等都有了显著的提升；同时，它也为促进公共价值的形成，培养积极的公民身份奠定了社会基础。A 社工服务中心更是在这一过程中，与社区居民、政府、企业等建立了多方关系网络，为社区建设的深入推进和社会组织自身的长效发展打下了坚实的基础。

起初，A 社工服务中心借助儿童的参与将环保的理念注入社区，并通过家庭教育讲座、参与式公园管理等活动推进社区基础服务的建设，带动了一部分中青年人的行动力量。作为"外来力量"的社会组织，在社区中逐渐积累了一定的人脉，并培养起了居民们主动保护环境的责任意识。

> 我们跟村民先建立了关系，一年以后再成立了公园维护的组织队伍。现在公园的环境，大部分已经不用我们怎么去管理了，因为自身维护得比较好。（A 社工服务中心理事长访谈记录）

随着项目的推进，家长们也开始从过往的社区事务"旁观者"，慢慢转变成"参与者""探讨者"，为社区的建设注入了有生的力量。中年人是社区治理的中坚力量，社工们也曾想过直接依靠他们来改善环境，但是收效甚微。然而，儿童的参与打开了全新的局面。在孩子们潜移默化的影响下，家长们逐渐认识到了环境保护给社区带来的积极影响，有趣的亲子活动也恰好给了他们更多的陪伴孩子的机会。之后，在帮助环境改造的基础上，家长们也会主动参与到整个课程的设计，并带来他们在社区里面的各类资源，从而在方方面面助推着孩子们更好地参与。此外，爱心菜园基金、生态路径导赏、社区花园改造等活动又通过孩子们的力量，吸引了社区外来人口的关注。儿童的参与为本土和外来居民一起活动、交流搭建了良好的平台。彼此之间的隔阂在这一过程中慢慢地化解，社区居民的关系也得到了明显的改善。

儿童的参与有效地带动了家长，家长和学校的宣传与推广也渐渐辐射到了更多的社区居民。由此，A 社工服务中心一步步地扩展着自身的人际网络，积累了信任，也同村委建立起了良好的关系。村委的积极配合，让作为"第三方"的社会组织得到了强大支持，克服了租地难、合法合规手续办理复杂、经费有限等的重重阻碍，打通了获取资源的多元渠道，为项目的深入推进和社会组织的工作开展都提供了强有力的保障。

随着项目知名度的扩大和社区营造效果的提升，A 社工服务中心的工作也得到了政府的更多支持。起初，作为初创期的社会组织，A 社工服务中心的项目运作资金仅来自区社工委的创投项目。而如今，他们渐渐争取到了政府投标的更多资金，缓解了组织发展在财务上的部分压力，与街道建立了较为稳定的服务购买关系。与此同时，公益项目的成功运作也收获了一些企业的关注和认可。一方面，A 社工服务中心有丰富的社会资本；另一方面，企业也为 A 社工服务中心带来了更广泛的物质、资金、技术、人脉等方面的支持。

社区营造系列项目的成功开展，打通了居民参与社区事务的平台和渠道，加深了他们对社区的感情。社会组织希望通过一群人先走出来做社区的治理，再经过信任关系的建立，带动更多人参与，帮助居民们形成了参与社区事务的组织力量。如今，居民们关心和参与社区建设的自主意识和能动性大大提升，范围也由公共空间的环境问题逐步扩展到了其他许多方面。2018 年末，A 社工服务中心与村民自发建立了民间生活体验馆，专门收集 20 世纪 60 年代以来的历史物件，供人们欣赏。与此同时，居民们也可以利用闲暇时间，在此相聚，回首往事。值得一提的是，除了场地和装修经费是由政府提供的之外，该馆的设计、布置、物资收集等都由村民自行管理。后续的参观引导等也由村民自己去运营。2019 年初，A 社工服务中心在调研中发现，社区居民希望能把一些正在消失的本土老手艺传承下去。于是，社工与居民协商，联系了相关方面的驻点社工和老师，建立了"手工豆腐坊"的学习平台，反响热烈。目前，一些热心的居民就摆摊、课程教授、建立实体店等事项进一步地自主探讨和商议。

> 他们可能已经有了一种归属感。如果现在抛出一个议题，他们都会很关心，也很愿意出来讨论。然后再一起组织协商，共同策划。（A 社工服务中心社工访谈记录）

儿童的参与调动、整合、激发了居民们参与社区事务的自治力量，非营利组织的工作和角色也从最初的主导、规划和带领，转变为支持和协调，X 社区的建设呈现出了一派欣欣向荣的景象。

五　结论与讨论

目前，A 社工服务中心在 X 社区开展的系列项目总体运行良好，积累了一定的口碑和知名度，也拥有了较大的影响力。然而，以儿童参与为中心的实践在国内缺乏成熟的先例可循；外加 A 社工服务中心从成立至今只有 5 年时间，仍是处于成长期的非营利组织。因此，从未来长远的发展来看，还存在以下两个方面的制约。第一，随着儿童年龄的增长，其所承担的学业压力将显著增大。逐渐步入高年级的孩子们，也面临着以后很少能再有机会参与类似活动的现实。由此，如何将儿童参与权的落实与学业学习形成有效的衔接、如何为儿童打造长效参与的平台和机制等，都是需要进一步探索的难题。第二，从社会组织自身的运作和发展来看，目前仍处于成长期的 A 社工服务中心依旧面临着人才、资金、指标评估等方面的压力。同时，为了在未来进一步培育和发挥社会组织自身的造血功能，A 社工服务中心也希望能借助政府的公信力和社会关系的积累，在 3 ~ 5 年内建立起品牌和社会公信力，建构具备竞争力的组织"能力专有性"，从而撬动更多的外部资源。但是，慈善与社会服务之间在项目资助模式、税收缴纳上的一些冲突，也是社会组织在未来发展之路上要思考的问题。

如果将此案例的创新置于全球和国家发展的宏观背景下，会发现：作为联合国《儿童权利公约》的缔约国之一，我国向来高度重视儿童福利和儿童工作，立足国情、切实履责。如今，在儿童友好型城市建设的全球积极倡议之下，充分听取儿童的意见、创造有利于儿童参与的社会环境必不可少。然而，由于儿童年龄的特殊性和"学生"身份的制约，他们往往未被视作有独特需求和眼光的行动主体来看待。目前，我国的大多数城市社区也还缺乏专门针对儿童参与的平台。在儿童参与权被忽视，整个制度环境又缺乏有效解决办法的背景下，非营利组织在社区层面开展的系列实践具有很大的启发意义。那么，我们应该如何以此案例为参考，推进大众对儿童参与权的认知？如何形成有效的行动方案？其次，如何将案例因地制宜地推广和落实到其他的城市社区？社会组织应该怎样突破未来的阻碍，并协同多方一起，为儿童打造长效、可持续的参与平台和渠道？最后，如何将儿童的参与引入更广泛的社会建设议题，充分发挥儿童的力量，助推更包容、民主、平等的社会发展？如何从根本上促进儿童积极的发展？这些问题，都是需要我们在城市公共空间与儿童发展命题中不断研究与实践创新的关键议题，希望得到研究者和实践者的持续关注。

参考文献

陆士桢（2017）：《建构中国特色的儿童福利体系》，《社会保障评论》，1（3）：70-78。

孙莹（2004）：《建立我国特殊困难儿童社会支持系统的基本策略：培育和发展社区和非营利组织》，《青年研究》，（9）：27-34。

王名，蔡志鸿（2019）：《以"能力专有性"论政社合作——以两岸防艾社会组织为例》，《中国非营利评论》，23（1）：1-33。

张潮（2018）：《弱势社群的公共表达：草根 NGO 的政策倡导行动和策略》，《中国非营利评论》，22（2）：1-21。

张潮，王竟熠（2019）：《童年的未来：儿童的公共参与和公共空间》，《中国非营利评论》，23（1）：239-248。

Chaskin, R. J. (2003). "Fostering Neighborhood Democracy: Legitimacy and Accountability Within Loosely Coupled Systems." *Nonprofit and Voluntary Sector Quarterly*, 32 (2).

Gill, T. (2008). "Space-oriented Children's Policy: Creating Child-friendly Communities to Improve Children's Well-being." *Children & Society*, 22.

Hill, M., Davis, J., Prout, A., & Tisdall, K. (2004). "Moving the Participation Agenda Forward." *Children & Society*, 18.

Joubert, I., Phatudi, N., & Moen, M. (2015). "Education for Democratic Citizenship through A Literacy-based Approach: A Case of South African Township Children." *Children & Society*, 29.

Kelly, L. M., & Smith, K. A. (2016). "Children as Capable Evaluators: Evolving Conceptualizations of Childhood in NGO Practice Settings." *Children & Family Social Work*, 22.

Martikke, S., Cumbers, H., Cox, N., Webb, L., & Gedzielewski, E. (2018). "Building Bridges into the Community: Social Capital in a Volunteering Project for Care Leavers." *Children & Society*, 31.

Sinclair, R. (2004). "Participation in Practice: Making it Meaningful, Effective and Sustainable." *Children & Society*, 18.

Trott, C. D. (2019). "Reshaping Our World: Collaborating with Children for Community-based Climate Change Action." *Action Research*, 17 (1).

Wood, L., Giles-Corti, B., Zubrick, S. R., & Bulsara, M. K. (2011). "'Through the Kids... We Connected with Our Community': Children as Catalysts of Social Capital." *Environment and Behavior*, 45 (3).

Revisited Children: Community Public Space Building and Children's Participation

Wang Jingyi, Zhang Chao

Abstract: Since building "child-friendly city" has gradually become the mainstream of urban development, understanding children's ideas and maximizing children's participation are of great importance. As an indispensable part of social governance, nonprofit organizations have begun to explore the innovation of services in the field of facilitating children's participation in recent years. Among them, the "community-building project group" composed of A Social Work Service Center has broken through many difficulties during their practice in X Community, G Province, and stands out to be a very pioneering and innovative example. By describing the real case in detail, this paper aims to reveal how nonprofit organizations can creatively promote children's participation and solve various problems encountered during the whole scheme. This will not only contribute to the building of child-friendly cities, but also lay a solid foundation for the development of a more sustainable community.

Keywords: Children's Participation; Community Public Space; Nonprofit Organization; Civic Engagement

（责任编辑：单良）

适应生活世界的变迁：竹叶村民的村庄空间实践

高月月[*]

摘　要： 学者们已经注意到城市的迅速发展带走了农村的大量劳动力，但他们关于农村现状的研究多为消极和负面的评价，鲜少看到农民的积极性以及他们的适应能力。本文将主要关注村民在面对城市化给村庄带来影响时是如何展开行动的，以适应发生在自己生活世界里的变迁。村民围绕着竹林、庙宇、家宅展开日常生活，努力适应城市化影响下的现代农村。我们则通过他们的实践，看到竹叶村民的坚守与适应，看到现代村庄的活力所在。

关键词： 日常生活　乡村能人　生境　实践

改革开放以来，随着户籍、队社体制的松动，原本被固定在土地上的农民开始向城市流动。随着时间的推移，城市经济的活跃，建设步伐的加快，城市创造了大量的就业机会，农民大量涌入城市（张领，2016）。伴随着农民的大量外流，中国的农村也发生了巨大变化。改革开放初期，一些先富起来的农民按照自己的意愿在自家原来的宅基地外围兴建新房，从而导致了村庄内部老房子无人居住的情况（夏作飞，单胜道，2002；张春娟，2004），一些学者以"空心村""农村聚落空心化"（冯文勇，2007；王海兰，2005）等词语形容这种发生在地理空间上的变化。但是，随着我国工业化、城市化的发展，大量农村劳动力进城打工，人口流出非常严重，"空心村"不再单纯指空间地理方面发生的变化，而被用来形容人口流失的农村，一些学者指出，"空心村"已经严重地阻碍了村镇建设的健康、有序发展（汪亦文，1998）。

对此，国家和政府出台了一系列方针政策，如新农村建设、乡村振兴战略等来促进农村的发展。虽然新农村建设是对农村问题的制度性反思和补救，在农村经济发展较好的地区解决了农民的后顾之忧，但是它的实施

---

* 高月月，北京大学社会学系硕士研究生。

并没有阻止农民向外流动和村庄"空心化"的速度（解彩霞，2017），因此一些学者将农村人口流失及其后果视为一种亟待解决的问题。

中国地理地形的差异意味着农村的多样性，基于我的田野点，我认为农民作为行动者，在村庄中的所有实践为村庄带来迎接变迁的张力，并构成当下村庄丰富多彩的生活。本文以 Y 为核心展开民族志考察，以他和他的家庭的实践来看乡村能人在现代化影响下的农村，是如何赋予农村生活以活力的。从这一点出发，我们就会发现，单纯以消极的态度来对待农村人口流失，并不能对乡村发展有实在的意义，反而会使我们忽略农民在乡村发展中的角色与意义。

一 文献回顾和研究问题

传统中国治理结构的上层是中央政府及其自上而下的管制系统，底层是地方性的管制单位，由族长、乡绅或地方名流掌握（张静，2006）。但是自 20 世纪中期，随着近代国家的建构，当代国家对农村可说是长驱直入（朱晓阳，2018），族长、乡绅或地方名流的角色在底层治理结构中基本被剔除。基于对底层的地方性管制单位，即乡村治理结构的认识，学界关于乡村治理的研究包含了宏观和微观两个层面。从宏观层面来讲，学界的研究大多集中于探讨乡村社会治理模式的历史研究、乡村社会治理与国家政权建设、乡村社会管理的制度变迁（沈费伟，2017）；从微观层面来讲，很多学者则从乡民个体角度出发，去探讨乡村精英（能人、乡贤等）之于乡村治理的重要性（贺雪峰，2015；郎友兴，张品，肖可扬，2017；李晶，2017；余练，陈跃，2018；朱晓阳，2018）；还有一些学者讨论乡村组织或农民组织化在乡村治理中的作用（杨郁，刘彤，2018）。但是从微观层面，不同的学者关注的农民对象也有一些差别。

（一）作为研究对象的乡村能人

近年来，有很多学者关注到农民个体，但是大部分学者根据个人研究特点而采取了不同的称呼。因此，首先我们需要厘清不同的称呼及其背后的取向。20 世纪 30 年代，中国经历了土地改革，在这个过程中，很多原本是"乡绅"的当地人被定义为上中农，这些人往往家庭兴旺，主要依靠自力更生维持生计，因而成为农耕社会的楷模（朱晓阳，2018）。由此朱晓阳认为，虽然"士绅/乡绅"不再是一个描述乡村精英的词语，但是士绅传统仍然镶嵌在乡村政治的正式或非正式制度中。因此，他用"乡绅-中农"来描绘承继了传统价值的、勤劳的、有技能的、有知识的，甚至是道德示范的那些农村人（朱晓阳，2018）。李晶（2017）为了便于中国人理解，特意使用"乡绅"的概念来讨论日本乡村社会对中国乡村再建的启示。她的"乡绅"主要指日本乡村社会中的两类人，一类是有文化的"笃本家"，即在农业实践、经营农业方面做出了贡献的民间农业专家；另一类是"村落精英"，即那些受过高等教育，有专业知识、早年离开家乡外出工作，愿为家乡发展贡献力量的、晚年返乡务农的，曾经从事过其他职业的，特别是曾在政府部门工作过的退休人员（李晶，2017）。王铭铭在早年的研究中提到村庄中存在一个非正式的权力中心，主要包括家族长辈、曾任村干部并被承认有能力的"贤者"、家族各"房头"，他们的权威来自传统文化的规范及对"能人"的形象建造。

一些学者在抛除"乡绅"概念后，采取了新的词语来形容农村精英，比如"乡贤"。何情情将新乡贤等同于地方精英特别是经济精英，认为乡贤是地方上有着雄厚经济实力的企业家或富人；宋青宜除强调"乡贤"的经济精英的内涵外，还强调了他们作为民间权威的形象；郎友兴等人则认为乡贤是在当代农村政治、经济、文化和社会等方面居于优势地位且为村庄公共利益有所贡献并得到村民敬重的农村精英（郎友兴，张品，肖可扬，2017）。现在，中国的农民有两种不同的进城：完全进城和"半进城"。其中"半进城"有两层含义，一是一个家庭中只有部分成员进了城，二是进城的农民可能返乡。但是农村还存在第三种结构性力量——没有进城务工经商而是留村务农的青壮年农民及家庭（贺雪峰，2015）。针对这个群体，贺雪峰（2015）称之为"中坚农民"，余练（2018）将其称为"新土地精英"。余练、陈跃（2018）在自己的研究中发现，"新土地精英"也就是返乡的进城农民常常与基层治理发生互动。

总的来看，乡村中普遍存在的"精英"已经引起学者们的重视，但将这些概念与术语与我的研究对象相比较之后，我发现以上学者使用的概念词语很难用来形容我所研究的村民个体。因此，我采用了最朴素的"乡村能人"来代表他们。乡村能人指的是，（1）没有接受过很高的文化教育的农民，如果以学历来判断，他们有的甚至没有小学毕业，最高文化水平不超过初中；（2）自力更生、勤劳、有着丰富农业实践和经营经验的农民；

（3）通过积极承包外出务工农户的耕地、林地，实现个人家庭的富裕，积极参与村庄各种事务的农民（贺雪峰，2015）。

（二）研究问题

从现实角度来看，什么样的村庄有迎接变迁的张力？为什么在那么多村民拥抱城市的时候，反而有些村民回归了乡土呢？在本文，我将以安徽省的一个村庄为个案，以乡村能人为研究对象，分析村庄作为村民的整个生活世界，村民作为行动者如何在村庄实践，赋予村庄迎接变迁的张力，他们的生活实践怎样构成丰富多彩的村庄生活的。对乡村留守者的研究，有助于我们去思考在乡村振兴战略的指导下，真正的农村所要依赖的群体是谁，农村继续存在并得以发展的可能在哪里。

本研究的目的之一是通过民族志的方式来探讨当代农村的能人之于农村的意义。我无意从村庄治理的不同方面去讨论乡村能人发挥的作用，而是从乡村能人的全部实践中去思考他们如何可能影响村庄治理与发展。换言之，我对乡村能人的分析主要遵循"实践"的导向，即强调行动者也就是乡村能人的主观能动性，分析当代农村留守者如何主动去适应外部环境的变迁，如何主动地改变自己的生活。本文主要通过 Y 的个人经历来讨论农民对乡村发展的意义，我选择 Y 作为本文的主角，原因之一是村庄中的壮年劳动力已经外出打工，他是少数几个还留在村子里的中年人；二是他的个人经历非常丰富，他在竹叶村的村庄生活参与很深，甚至以一己之力为本村谋来利益。

（三）竹叶村[①]：作为一个生活世界

本文的田野点是一个叫作竹叶村的皖西南村落，从地理位置上来看，地处安徽省西南部山林地带，行政上隶属于安庆市潜山县[②]，距县城 34 公里。竹叶村委的材料显示，竹叶村的面积有 20 平方公里，其中山林面积就有 14.5 平方公里，村子四周群山环抱，中间地势相对平坦。村内有两条起源于天柱山的河流穿村而过，在下溪汇合于小双河口，最终汇入龙潭河。河道总长 7 公里，两条河及其他大小山涧小溪，是竹叶村民的主要用水来源。

---

① 竹叶村并不是这个村庄的本名，遵照人类学的匿名要求，我根据这里满山竹林的特征给这个村匿名为"竹叶村"。

② 潜山县已于 2018 年 10 月通过国务院审核，撤县改市，更名为"潜山市"。

竹叶村范围较大，有五个不同的区域：上溪、中溪、下溪、红岭和西苑，不同区域的名字主要来自河流和地形地势的空间地理分布的差异。这里生活着竹叶村 35 个村民小组，共计 2600 余人，其分布特点是整体分散，局部聚居，每一聚居区域混杂几个村民小组。自 20 世纪 80 年代起，村庄里的年轻人陆续出去打工，平时鲜少回到村子里，村庄的常住人口至今为 600 多人，且多为老人。

二 村民的日常生活实践

日常生活在哲学、社会学、心理学中已有诸多讨论，人类学便是在日常生活的"琐碎之中"寻找它的研究素材，从而使我们意识到日常生活的独立性、自我意识，它能够支配它自己和它的对象（列斐伏尔，2018），因而，列斐伏尔（2018）才说"它在人类学中才真正地占有一席之地"。

列斐伏尔（2018）认为日常生活就像戏剧，回放、浓缩和"表现"真实的观众的生活，它包括工作、家庭和"私人"生活、闲暇活动，这三种元素是相互联系的整体，因而必须在各元素的相互联系上研究日常生活。日常生活同时是个人的、"群体的"和社会的，而且它与组织模式和一种（特定的）社会存在紧密相关，这个特定的社会存在在工作、休闲、"个人生活"、交通、公共生活形式之间展现日常生活的诸种关系。日常生活不是一成不变的，而是通过地方和全球两条路径无时无刻不在变化。我们谁也不敢言说这种变化就一定是糟糕的，因为日常生活既根深蒂固，也使人感动；既具有创造性，也受到威胁；它建设着未来，却又被预测到的未来所包含的不确定性所困扰（列斐伏尔，2018）。但是，就是这样一个时刻在变化着的日常生活也有一些不断重复的生活互动程序，有传统的生活方式的遗存。

总之，受到列斐伏尔、布尔迪厄的影响，我非常关注发生在农村这样一个生活世界①中的农民的日常生活，去观察农民在面对经济、文化等多元变化时如何行动，以适应和坚守他们在村庄的生活。就村民的全部活动发生场所而言，我将竹叶村视为村民的生活世界，在这里，村民完成自己的

---

① 生活世界是胡塞尔的一个非常重要的概念，他认为研究"生活世界"是哲学的功能，即揭示先于任何科学而存在的作为整个"客观认识"基础的"生活世界"。他说，生活世界是"作为唯一存在的，通过知觉实际地被给予的，被经验到的世界，即我们日常的生活世界"（参见高丙中《生活世界：民俗学的领域和学科位置》，《社会科学战线》1992 年第 3 期）。

生命历程的各个重要阶段；在这里，他们参与村庄活动；在这里，他们或主动拥抱或被动适应变化，或者坚守。研究村民对生活世界的坚守和适应，就是研究村民如何与自己周围的世界互动，也是了解村民的生活实践怎样构成丰富多彩的村庄生活的。

（一）采茶、挖笋、做粑

1. 采茶

竹叶村地处天柱山后山，属于潜山县产茶优适生区，这里的茶树多在海拔 200~600 米的中低山上，植被较好，日照较短，常有云雾呵护，茶叶内质好。根据村民的介绍，20 世纪 80 年代，竹叶村也有一个茶园，该茶园所处的位置包括现在村庄中竹制品加工厂的厂址所在以及厂子对面的一片茶园。当时，茶园从竹叶村雇用当地妇女参与到采茶、制茶的生产过程，因此，竹叶村有很多妇女掌握了制茶技术。等到茶园因经营不善倒闭后，这些人每年还会凭借自己的手艺在家中制茶，但主要是一家一户的行为，每年产茶并不多，制出的茶叶一般自用，有时拿来送人或出售。幸运的是，我到竹叶村的时间非常巧，进村十几天后，就是清明节，竹叶村开始进入采茶期，村民们陆陆续续地走进老茶园和山林间采新茶。

本着"同吃同住同劳动"，我积极地加入 Y 家的采茶行动中。竹叶村有一个废弃茶园，茶园里长满了野草和荆棘，给我一种这整片茶园属于无主之地的错觉，实际上，茶园并不是真正无主之地，而是分属于不同人家，只是后来茶园荒废，无人打理，茶园之间的边界变得模糊，大部分人家在外打工，也无心去管理茶园。这片茶园是下溪人主要的采茶场所，住在周围的妇女常常结伴来这里采茶。

在不多的跟随村民采茶的经历中，令人印象最深刻的是跟着 Y、C、S 上山采野茶。山地不算特别陡峭，但有些地方土质疏松，石块风化了，需要特别注意安全。茶树分布非常零散，往往好几米远才会出现一棵，偶尔可以看到新长出的低矮的小茶树，我们就这样，沿着山坡下行，行至某处，又转而上山，走走停停，与茶树偶遇。我们越往深处走，竹子变得越来越少，其他树木逐渐增多。经过一段比较艰难的爬山后，我们终于来到一片茶树相对密集的山坡。我们四个人很分散，默默地在自己选的方向采茶，偶尔会听到高喊一声，以确认同伴的位置，防止走散。

白天去采茶，夜晚来制茶。将生茶制成可以吃的茶叶，需要经过炒青、揉搓、烘烤等几个步骤。每当这个时候，Y 家的厨房再次成为一个中心，附近几家采了茶的农民聚集在他们家，分工合作。C 负责掌握火候，"大姐"[①]负责炒青，Y 负责揉搓，然后再将揉搓好的茶叶交给 C，由 C 开始，再由 C 结束，烘烤几分钟后，茶便制成了。

2. 挖笋

3 月中旬我到达竹叶村，山里的空气湿润，体感甚至比北京还要冷一些，几场春雨过后，春笋开始破土而出。有一次，Y 问我去不去山上挖笋，我果断答应下来。他开着用来运输毛竹的三轮车，带上一包乳酸菌饮料，拉着 C、S 和我向山上出发。绕着山路一路颠簸，我们来到一片深山竹林，从车上拿下镐、袋子，顺着石头小路开始挖笋。也许是因为从小生活的环境就遍布竹子，他们总能够轻而易举地发现刚冒尖儿的竹笋，甚至竹笋还没有钻出泥土就能被他们发现，而我只能举着镐等他们告诉我哪里有笋。于是，在山里就总能听到："高月月，这里有笋。"即使是这样，等我到了那里，也要弯下腰，瞪大眼睛，甚至戴上自己的近视眼镜才能找到出笋的地方，然后把它们从土里挖出来。

挖笋需要一些技巧性的动作，而不是一镐下去就能挖出竹笋。挖笋需要用镐先把笋尖周围的土给弄到旁边，将竹笋周围的泥土刨开 15~20 厘米，露出毛茸茸的棕色外皮，这时就可以用镐将其砍下。另外，挖笋也有时间的限制，春笋一般是从根上发出，在某个节气之前挖走的笋附近还会出新笋，但是一旦过了某个时间节点，就不能挖笋了，不然就不会长出新的竹子。这方面，村民们基本上会严格遵守竹笋的生长周期来行动，而不会去破坏它。

新鲜的竹笋当天就可以炒着吃，吃不完的部分则切成薄片晾晒成笋干，袋装保存在冰箱里，这样以后就可以随吃随取。

3. 茅香粑

三月三，吃茅香粑。

我第一次吃茅香粑，那天还没有进入农历三月。我从锅里拿出一个青色的像北方的馒头一样的食物，里面夹杂着一些菜叶，咬了一口，里面竟然还包着馅料，是豆腐馅的，很香很好吃，外皮则有些弹牙，就着白粥，

[①] 大姐是 Y 的一个邻居，平日里居住在县城里，贩卖自治的锅巴，每年的采茶期经常回来，所以我多次见到她，只是每次都以"阿姨"相称，忘记问姓名，只好以 Y 的称呼指代此人。

我吃了两个，凭意志力管住了伸向第三个茅香粑的手。中午的时候，我见到 C，问她早上吃的是什么食物，她说是用茅香做的粑。茅香是一种植物，长在田间地头，村民在田地里忙活一上午，就能摘够一家人吃的分量，只不过现在只有少数有闲心的妇女才会去田里摘茅香菜。大部分人家直接从商店里大量购买，虽然摘野菜的乐趣已经减少，但是三月三吃茅香粑的习俗却保留了下来。

在三月三之前，我已经能吃到茅香粑，但是包茅香粑、做茅香粑的活动一般局限在自己家里，人们少量制作一些。快到三月三了，Y 家的厨房里聚集了附近的一些妇女，我从二楼听到下面热闹的欢笑声，便走下楼来。走进厨房，只见几个男人坐在旁边聊天，一个妇女坐在灶眼处掌握火候，一个锅里贴着几个茅香饼子，另一个锅上盖着一个竹盖，上面放着调好的馅料，灶台上摆着两盆和好的茅香面坯。我在旁边看了一会儿，主动要求亲手体验制作茅香粑。从面坯上揪下一块拳头大小的面团，用手将其压成圆形饼皮，然后从锅里舀出馅料，将其团进茅香饼皮，在手中揉搓片刻即可完成一个。山间的夜晚，万籁俱静，唯有厨房里不时传出欢笑声。待茅香粑出锅，已有人迫不及待地将手伸进锅中，不顾烫手，撕下一块外皮，吹凉后放进嘴里，非常美味。

4. 日常生活中的惯习

布尔迪厄关注日常生活行为（ordinary living），也关注由社会礼仪脚本（scenarios of etiquette）所主导的，不断重复的生活互动程序，如饮食、起居、工作和休息。这些程序都是构成和组织系统的时空、秩序的基本规则，行动者在执行这些日常生活程序的同时也受其约束，并不断认可这些准则。布尔迪厄强调行动者的主观能动性，强调实践的意图性，他认为通过分析特定群体及其成员的行动，就能理解特定事件或结构性再生产及变迁过程，人类的行为是有连续性的（谢丽·奥特纳，2010）。

农民的日常生活就是将农民的工作、家庭和"私人"生活以及闲暇活动包括在内的所有活动，它们都是农民在所属的村庄内部与环境互动并实践的结果，是他们年复一年不断重复形成的"惯习"（habitus）。另外，农民修筑的桥梁、房屋、庙宇等，日常使用的灶台都是其栖居的象征，表现出传统生活方式持久的生命力，村民总在有意或无意中去实践这些活动，即使它们的形式或内容已经发生了变化。

（二）作为社交场所的灶台

"在任何地方，房屋都被理解为介于人体和世界之间的一个微观世界，是人体的延伸，也是世界的微缩复制品"（Descola，2013：217）。因此，在一些聚落研究中，一些学者总是倾向于通过"事物"的配置、排列、规模、装饰、形态等可观的部分来观察一个聚落共有的价值观、生死观等不可观的内容，进而推测这个聚落的制度、信仰、宇宙观等（藤井明，2003）。古希腊人就是借他们的神话体系中的赫斯提女神向我们展现了他们的宇宙观，"希腊人的灶位于房子的中间，象征了人类居所的中心；圆形灶固定在土地上，仿佛房屋扎根于大地的脐带，象征着确定性、不变性和永久性。与之对应的神话则是，赫斯提位于房屋中，她的名字是灶的总称。她是确定的支点，是人类空间拓展的中心和组织的原点，可以与大地合二为一，可作为宇宙永恒的中心"（白美妃，2015）。布尔迪厄在他的柏柏尔人的研究中指出，"炉灶（hearth）这一住宅的'肚脐'，作为孕育火焰的地方，是女人的领地，但相对地，女人也被赋予了管理厨房和所有贮藏物的无上的权威……在所有的仪式中，炉灶和围绕着它的石头都有着驱散邪念和病气、呼唤美好时光的魔法力量，来自火、干燥和如太阳般发热的属性"（布尔迪厄，2017：65）。

在这里，我不打算按照传统的将房屋视为世界的微缩复制品，进而去讨论厨房灶台的位置如何展现竹叶村人的宇宙观，而是将灶台看作有人类活动的社会空间。属于一家一户的厨房本来是私人化的场合，但是在农村地区，它有时会变成一个公共的空间，灶台在其中尤其承担了一个重要角色，本文并不打算从民俗学的角度去研究灶台在人们生活中的角色和作用，而是采用地方性观察和日常生活的视角来展现作为社交场所的灶台。

灶台作为一种乡村景观从来没有消失，尽管人们的厨房已经出现了煤气灶、电磁炉等现代电器，但灶台从来都没有被取代。竹叶村的村民用灶台的频率很高，采茶期的时候，制茶的妇女往往聚拢在一户人家里，分工明确。炒茶的地方是 Y 家的厨房，白天，各家采各家的茶，晚上吃过晚饭，Y 家周围的一些妇女就会来到他家的厨房，互相合作，制作各家的新茶。C 坐在灶台后面，负责掌握火候，某个"大姐"站在灶台的前方，一手撑着灶台，一手仿佛扬起锅里的嫩叶。大厅和走廊成为灶台的延伸，Y 在这里完成揉搓的过程，然后进行烘烤，茶香四溢。围着灶台，Y 家的邻居齐聚在这里，制茶的人一边忙活手里的工作，一边与他们聊一些家长里短。不久，新茶便制作成功，拿出杯子，烧壶开水，在座的、制茶的、围观的都可分得一杯由新茶泡出的茶水，品茗点评。

炉灶是孕育火焰的地方，具有如太阳般发热的属性（布尔迪厄，2017：65）。受地形影响，山里的早春相比北京甚至更冷一些，外出打工的村民早已离家，下溪是竹叶村的一个相对聚居的区域，因此还有零星的几户人家留在村子里，Y家就是其中一家。夜间，气温很快就下降，劳作了一天的村民终于有时间停下来歇一歇，灶台便成为夜间的太阳，吸引着村民过来。C拿火钳从炉膛里夹出煮饭后还没有燃尽的竹炭，放在炭盆里，然后在炉膛里续上干竹板。炭盆本身并不大，镶嵌在一大块方形木板中，夜间无聊的人们再一次齐聚在Y家的厨房里，围炭盆而坐，双脚踩在炭盆的边缘，说些家长里短。乡间的灶台已经超越了它本身的功能范畴，不仅是一个饮食的工具，还成为一个联系熟人的桥梁，成为社交的场所。

三 乡村能人的空间实践与村庄参与

这一节，我依然是围绕Y展开我的民族志写作，主要阐述Y作为一个乡村能人在村庄中的空间实践，看他如何在自己的生活世界里根据当地的独特地形、环境进行实践的。竹林和大山并非竹叶村独有的生活环境，却是竹叶村农业环境的重要部分。在这里，我引入朱晓阳的"生境"一词来理解村民的实践，"生境"可以简单地被理解为生活环境（living environment），但是朱晓阳从演化人类学中借用 niche 一词，认为"生境"是包括了特定地势的生活环境，也就是"整合性的生活环境，其中包括人及其周遭的物、基础设施/环境和生计/生产的技术等"（朱晓阳、林叶，2018）。在这一节，我主要向大家展现Y将竹林和河道打造成自己的经济来源，他又是如何一步一步深入村庄参与，为村庄谋取利益的。

（一）空间实践

1. 作为生计来源的竹林

竹叶村的山上是大量的毛竹林。自20世纪50年代起，竹叶村和附近村落就以毛竹为主发展村庄经济。虽然如今，竹子越来越"不值钱"，但它依然是村庄留守者的一项重要的经济收入。竹叶村有一个竹制品加工厂，是

2006 年建起来的，主要进行棉棒的初加工，其原材料几乎全部来自竹叶村的万亩竹海。Y 早年的时候曾经做过竹简、毛刷子等竹制品，但是都半途而废，反而是后来给加工厂运输毛竹这件事坚持得最久。

> （我）还搞竹简，写字的竹简，在家雕刻那个东西，用机子刻。做广告、印刷的那个不是有丝网吗，丝网往竹子上一印，然后丝网揭下来，那竹子上就有字，再拿机子刻字。后来竹简搞了不行，不行就做毛刷子。搞那些事情，有时候就是几个月，或者半年，毛刷子做了有两年吧。做毛刷子的时候，我需要运输啊，拉些木料啊，材料啊，就需要自己买个（三轮）车啊，就这样。后来，就搞村庄整治，（制毛刷子的）场地一下子，立马就给腾出来了，就几天的工夫，我这关得快哎，我还有好多半成品，都堆在地下，现在烧柴火嘞，那我算是倒霉了。

2010 年前后，Y 为了方便运输毛竹，自作主张修了一条公路。这条公路未经上报，也就是没有经过林业部门的批准，Y 因此被相关部门拘留，后来是组上和村里都去说情，又给林业站交了罚款，Y 才被放出，前后共花去1 万元。据 Y 自己说，只要天气晴好，他便会起早贪黑地为工厂拉毛竹。自从他盖起新房子，欠十几万元债后，他常常日出而作，上山拉毛竹，至少拉完两趟才休息一会儿，随便吃些早饭，接着上山拉毛竹，直到天色擦黑，才会停下一天的劳作。

2. 挖沙

对竹叶村村民来说，竹林是村民生境的一部分。他们在这里挖笋采茶，伐竹建屋。竹林既是他们日常生活的场所，也是他们主要的生活来源。

竹叶村被山地环绕，地势落差大，在雨水充沛的季节，水能大，因此早年间，有人向村委会承包了河流的两段，修建了两座小水电站。因为雨水充沛，河水常常携带大量泥沙淤积起来。Y 便在水电站找人清淤的时候参与了进去，开始的时候，清出来的沙子就堆在河岸边，但并非长久之计。Y 意识到沙子是重要的建筑材料，他就在河岸边就着堆积的沙子成立了一个私人沙场，并花费十多万元购买了一大一小两辆二手铲车。沙场的建立未经政府批准和挂牌，政府要求他缴税，Y 对此颇有微词，但这终归成了他的一项产业，使他能够在运输毛竹之余，为周围村庄的村民售卖或运送沙子。

早年刚回归村庄的 Y 其实做过很多工作，但是最长也没有超过两年，很多工作不挣钱，他也就放弃了，转而开始新的生计方式。到现在，他不仅是拥有两辆铲车、两辆三轮车的普通村民，他还成了"小老板"，雇用他人为他砍竹子，他从中赚取运费和贩售竹子的收入，实现了个人家庭的富裕，成为一名"中坚农民"。

（二）村庄参与

1. 庙宇管理

竹叶村有两座比较古老的庙宇，分别是齐云禅寺和齐云道院。几年前，竹叶村 7 个人组织了一个理事会，该理事会的成员自愿加入，主要管理对象是齐云道院。

> 这个道院里没有道长，也没有大路，只有小路。我们几个人①觉得那是很好的地方，因为是古庙嘛，还想给它复原起来，也算是一种文化。（它）是县保单位，县保也没钱嘛，（我们）就自筹资金嘛，先把它维护起来。（通往齐云道院的）道路是我们自己修的，到现在都还是我们自己养护。再有宗教这个方面，只要有人组织了，或者做会啊，搞什么东西啊，都会收钱，赚钱嘛，就是这种情况。慢慢筹资，筹一点钱干一点活，就这样。假如今年缺钱，缺多少，明年就得做会嘛，做会的话，这个钱就是启动资金，就能补上干活的缺口。做会是村民出钱，全凭自愿，一般每年都筹几万块钱。道院是我们众筹维护。道院平时没有人，初一、十五，上边有个老头子经常去拜拜，扫一扫。（20181028，田野笔记）

Y 最开始的时候决定和人合作参与道院的管理，也是出于利益的考量——因为天柱山后山开发的传言很早之前就有了，村民都希望道院等人文建筑的存在能为他们带来一些经济利益。Y 曾在访谈中提到，某年有人准备出资重修道院，这对他们来说是一种希望，但最终被县政府卡住了。

2. 村庄建设

> 搞村庄整治的时候，就想把这个事情拉到我们这个地方。我一看，

---

① 指 Y 及其他理事会成员。

这个整治是个好事情，就想赶紧把它拉过来。我们当时，我们村小组几个人启动的，包括 YSB 那边，那个河坝，是当时我们一个人一万块钱，七个人搞起来的，我搞了两万块钱，筹资起来，把那个石坝修起来的。这个东西就是我们七个人砌的，就是几个人弄的。后来那底下①，那个地基嘛，整平的那一块，也是以我为首筹资搞的，总共是九个人，后来有两户要盖房子，他就把钱放在（股份）里面，整好的地基给他算便宜一点，给别人肯定要贵一点。搞这个村庄整治的时候，投了两万块钱，最后还是回来了。我那地基也卖给人家了嘛，当时那个石坝砌了以后，村庄整治搞好了以后，我就有那个回笼的资金，等于也回来一些（钱）嘛。

你看到……前边的篮球场了吗？那也是我搞的。我们村里的那个大个子书记，当时他说村里要建个广场，看有什么地方弄。他就坐在我小叔家门口，在那里说，我说那行，那你就在这里弄，他说你这地皮能弄好？我说能行。回头我晚上打了电话，我小婶子当时就说回来看（再决定），因为时间紧，只有四五天的工夫，很急呢，只要她答应了，我就想着不用等她回来了。第二天早晨，赶紧找挖（掘）机，把他家的房子全部推倒，等你回来一看，什么也没有，急（生气的意思）有什么用啊。现在也是，有什么东西让我们弄，只要你一答应，赶紧做，要不然，这个人一搅起来，就搞不好。人家也不傻，什么也没有，就给人家（推了），当时也跟我急啊，但是急也没有用了。

我们村小组的土地就是属于村小组集体所有的，其他小组就是农户自己的。做事情就是要贯穿思想嘛，很简单，大家觉得这个东西好不好，先讨论一下，大部分人同意，就干，肯定有少数人不同意嘛，少数人不同意，就说服他呗，（当时）闹得也不可开交唉。就搞那些东西（村庄整治），还有人告到县政府去了，都挺过来了。县政府也没追究，（他们收到举报）就给我们说了，当时是村庄整治，政府支持。（20181028，田野笔记）

3. 修建农家乐小院与传统村落保护项目落地
农家乐小院的修建，有两个原因。一是随着 Y 家添丁进口，原有的两

---

① 指河坝下手方向的一排房屋所在处。

间房屋不够一家人居住，必须扩建或新修；二是为政府服务。2014 年的时候，村委会开会，Y 因为乡长闲聊中的一句无心之语："有没有人有意愿开农家乐，乡镇里可以提供资金"，便决定修建新房子。但等房子最后修起来，他也没有拿到乡镇里的一点资金，自己还因为建房子欠了十几万元债。据 Y 称，"当初修建农家乐小院时，我手里就 1 万元，让开车的去买了砖，人家嘛，就负责拉砖的，我就需要那么些砖，你负责给我拉过来，有钱没钱，你都给我倒腾过来就行。"当我问他，人家拉砖的凭什么就信你啊？他说："就凭一种信任。我所有的钢筋、水泥、砖、工资这些东西，都是，就一万块钱起步的，没钱。"虽然农家乐小院的修建为 Y 家带来十几万元债，但是农家乐小院的经营的确给他家带来了一些额外收益。

Y 很有远见，并且充分认识到竹叶村的优势——那几座老宅子。2017年，中规院①村镇规划研究所的负责人走过很多地方后，来到安徽省潜山县考察。据 Y 称，当时 C 主任不仅来竹叶村考察，还去了隔壁的小池村。最终这个试点项目落在竹叶村，Y 将其归因于自己的卖力"推销"。他带着 C 主任参观了杨家楼屋——一个非常有特色的、建立在两块大石头上的老房子，和杨家老屋——一个反映传统家庭模式的大型家宅，另外还向 C 主任参观竹叶村的万亩竹海，最终中规院的这个项目落实下来，C 主任选择了竹叶村作为试点村开展活动。

四 结论

本文以 Y 为中心，呈现一个乡村能人及其家庭在村庄里的实践活动。在竹叶村，山地竹林、茶、道路、家宅和庙宇构成了 Y 的全部生活环境，围绕着它们，Y 积极展开各种生计活动。

Y 年富力强，回到家乡后没有坐等时机，在发现做竹简不能为他带来很好的经济效益时及时止损，在继续做毛刷子和参与村庄整治的选择中，他也能理智地权衡利弊，做出取舍。Y 本人也有不错的经营能力。竹叶村的很多农民外出打工，山上的竹子无人砍伐，如果持续下去，山林里的竹子将大片死亡，村庄里的工厂也会因为竹材不够而搬离村庄。因此他承包下来

---

① 中规院，全称"中国城市规划设计研究院"。

别的村民家的山林，雇用农民为自己砍竹子，自己负责把竹子运到工厂；除此之外，他在水电站需要找人清淤时，果断买来两辆铲车，既能拿工钱还能贩卖沙子，通过一份工作赚取双份收益。他盖起的农家乐小院甚至引起了同村人的效仿。可以说，农村中像 Y 这样的青壮年农民正在或已经成为本村的中坚力量，他们往往还处于年富力强的时期，家庭生活完整，收入水平也不低于外出打工的农民。

Y 的个案告诉我们，虽然很多村民选择外出打工，甚至彻底离开村庄，但是也有少量的人在留守，或者选择回归村庄。回来后的他们，生活回到了村庄一直存在的轨道上——按照传统的生活方式，以时间、节气为节点，安排各自的生活。竹叶村村民的日常生活虽然随着时代的变化、科技的发展，发生了改变，但是传统的生活方式依然表现出惯习的力量，共同影响他们的日常生活。围坐火炉烤火的情景还存在，却增加了举起手机与外地打工的亲人视频的场景；道路和小径的网络与山林形成一体，从城市里带回来的建筑风格的二层小楼掩映于竹林之中。

竹叶村对村民来说就是他们的生存空间，构成了他们的全部生活世界，他们围绕着竹林、庙宇、家宅展开自己的日常生活，努力适应城市化影响下的现代农村。日常生活具有双重性，传统的力量或好或坏，其存在的价值就是让我们意识到乡村能人的存在，意识到人的力量。通过日常生活，我们看到了竹叶村村民的坚守和适应，从他们的空间实践我们看到了现代村庄的活力所在，正是普通的乡村能人的存在赋予村庄迎接变迁的张力。

参考文献

〔日〕藤井明（2003）：《聚落探访》，宁晶译，北京：中国建筑工业出版社。

汪亦文（1998）：《浅议"村庄调整"和"空心村"迁并》，《小城镇建设》，（12）：42。

白美妃（2015）：《古希腊空间观念中的心智结构——读韦尔南〈希腊人的神话与思想〉之"赫斯提-赫耳墨斯：论希腊人关于空间及运动的宗教表现"》，《西北民族研究》，（04）：190-196。

皮埃尔·布尔迪厄：（2017）：《实践理论大纲》，高振华，李思宇译，北京：中国人民大学出版社。

冯文勇（2007）：《山区农村聚落空心化特点分析》，《农村经济》，（07）：51-53。

贺雪峰（2015）：《论中坚农民》，《南京农业大学学报》（社会科学版），15（04）：1-6，131。

亨利·列斐伏尔（2018）：《日常生活批判：第一卷 概论》，叶齐茂、倪晓辉译，北京：社会科学文献出版社。

解彩霞（2017）：《现代化·个体化·空壳化：一个当代中国西北村庄的社会变迁》，北京：社会科学文献出版社。

郎友兴，张品，肖可扬（2017）：《新乡贤与农村治理的有效性——基于浙江省德清县洛舍镇东衡村的经验》，《中共浙江省委党校学报》，33（04）：16-24。

李晶（2017）：《乡村再建中的"乡绅"——日本东北地区乡村的田野调查经验对中国社会的启示》，《云南民族大学学报》（哲学社会科学版），34（02）：86-93。

沈费伟（2017）：《传统国家乡村治理的历史脉络与运作逻辑》，《华南农业大学学报》（社会科学版），（16）：132-140。

王海兰（2005）：《农村"空心村"的形成原因及解决对策探析》，《农村经济》，（09）：21-22。

夏作飞，单胜道（2002）：《"空心村"空在哪里？》，《小城镇建设》，（05）：66。

谢丽·奥特纳（2010）：《20世纪下半叶的欧美人类学理论》，《青海民族研究》，21（02）：19-37。

徐理响（2017）：《村庄治理能人的产生：历史嬗变与时代选择》，《学习与实践》，（08）：56-63。

杨郁，刘彤（2018）：《土地适度规模经营、农民组织化与乡村治理》，《东北师大学报》（哲学社会科学版），（06）：112-117。

余练（2018）：《新土地精英的崛起与村级治理重构》，《思想战线》，（44）：164-172。

余练，陈跃（2018）：《返乡创业型土地精英的兴起与基层治理互动》，《中国青年研究》，（09）：37-44。

张春娟（2004）：《农村"空心化"问题及对策研究》，《唯实》，（4）。

张领（2016）：《流动的共同体：新生代农民工、村庄发展与变迁》，北京：中国社会科学出版社。

朱晓阳（2018）：《从乡绅到中农》，《中国农业大学学报》（社会科学版），35（01）：55-74。

朱晓阳，林叶（2018）：《地势、生境与村民自治——基于滇池周边村落的研究实践》，《广西民族大学学报》（哲学社会科学版），40（01）：2-7+1。

Descola, Philippe（2013）. *Beyond Nature and Culture*. Chicago：The University of Chicago Press.

Adapting to the Changes of the Living World: Spatial Practice of Zhuye Villagers

Gao Yueyue

Abstract: Scholars have noticed that the rapid development of cities has taken away a large number of the rural labor force, but their research on the rural status quo is mostly negative evaluation, rarely see the enthusiasm of farmers and their ability to adapt. I will focus on how villagers react to the impact of urbanization on their villages to adapt to the changes in their living world. Villagers' daily lives around bamboo groves, temples, and homes try to adapt to the modern countryside under the influence of urbanization. Through their practice, we can see the perseverance and adaptation of bamboo villagers, and see the vitality of modern villages.

Keywords: Daily Life; Village Competent People; Niche; Practice

（责任编辑：单良）

街道环境如何融入城市设计与发展

——基于重庆同茂大道的案例研究

梁晓娜*

摘　要： 在城市重点片区的规划管理工作中，规划部门常常面临现有规划体系与详细景观设计之间脱节的问题。城市设计层面的街道环境导则的编制可以为规划部门管理者提供对地段详细景观设计的整体的、可协调现状的、与城市设计和控制性详细规划相对接的总体性引导。本文梳理了街道环境导则的编制历史、探讨了编制城市设计层面街道环境导则的必要性和核心问题，并介绍了城市设计层面的街道环境导则在重庆同茂景观大道的应用，最后总结了城市设计层面街道环境导则对规划管理和完善规划体系的重要作用。

关键词： 街道环境导则　城市设计　同茂大道

一　问题的提出

简·雅各布斯在《美国大城市的死与生》中写道："当我们想到一个城市时，首先出现在脑海里的就是街道。街道有生气，城市也就有生气；街道沉闷，城市也就沉闷。"（陈畅，周威，2013）街道是市民进行日常连接和社会交往的重要纽带，是"社会"的基本城市公共空间，也是个体形成自组织的主要场域（宋亚娟，2015）。

正如每个人都有各自的性格，每个城市也都有自身的个性化魅力，而街道环境就是体现城市个性的关键要素。好的街道环境不但能为市民的生活、工作、游憩和通勤提供良好的载体与户外空间，促进公民的公共参与，提高公共生活品质和社会资本（刘志林，廖露，钮晨琳，2015；张潮，

---

* 梁晓娜，风景园林硕士，同济大学建筑设计研究院（集团）有限公司工程师，主要研究方向为城市规划、人居环境。

2017）；还能向游客展现城市的精神面貌和文化气质，进而促进优化经济发展环境，发展低碳经济，增强城市竞争力（顾朝林等，2017），而城市经济的发展又可以为城市空间品质的塑造提供资源，从而形成良性循环。

二 城市街道环境导则的发展历程与现状

近 20 年以来，西方发达国家引领了对于以人为本的城市街道的关注和研究探索（赵勇，2007）。2006 年，美国规划协会主持编制和出版了《美国城市规划和设计标准》，文件中有大段篇幅阐述了如何设计和建造美观且人性化的城市街道。自此之后，包括西雅图、洛杉矶、旧金山等美国各大城市纷纷出台了各自的街道设计要求。2007 年，英国颁布了《街道导则》（*Manual For Streets*），强调街道设计必须优先考虑行人、自行车和公交使用人群的需求，认为街道不只是机动车通过的交通廊道，同时也是人们生活的重要场所。2009 年，日本发布了《土地、基础设施、交通和旅游白皮书》，提出促进步行和自行车优先的街道建设，尤其强调学校及重点公共服务设施周边的步行优先空间构建（姜洋等，2012）。在这近 20 年的历程中，街道导则的概念从模糊逐步变得清晰，导则的内容从城市规划设计的众多要求中分离开来，各国对于街道环境导则的实践，已从自发探索发展到了自觉研究的阶段。

与国际相关领域的研究相比，我国由于长期以来以经济发展为导向，城市道路主要为机动车而设计，对步行街道环境的重视相对滞后。2013 年底住房和城乡建设部发布了《城市步行和自行车交通系统规划导则》，规定了一系列设计原则和系统控制指标（葛岩，2017）。2017 年 3 月，住房和城乡建设部发布了《城市设计管理办法》，对拓展步行活动和绿化空间，提升街道特色和活力提出了明确的要求，以上文件为国内城市逐渐重视街道环境奠定了基调，与此同时，一些城市在规划设计实践中，率先进行了街道导则的编制探索。2009 年，天津市出台《天津市城市道路界面景观设计导则》，这是我国在城市层面对街道环境引导的早期尝试，导则针对尺度感、连续性、舒适性这三个方面，提出七项景观环境导控指标（包括街道高宽比、建筑高差、沿街建筑退线、贴线率、建筑底部、人行空间和停车及隔离设施），对生活型与交通型这两种街道模式的"U"形空间分别进行引导控制（陈畅，李彤，周威，2010）。2014 年，北京市发布了《北京市城市道路空间规划设计规范》，以设计规范的形式对北京市道路空间的各项设计因素（包括道路横断面、步行交通、自行车交通、公共交通、道路平面交叉口、绿化、公共服务设施等）提出了要求，不失为对城市道路各要素定量管理的一种便捷的方法。2016 年，上海市规划和国土资源管理局发布了《上海市街道设计导则》，导则分为城市与街道、目标与引导、设计与实施三大部分，与天津导则相比，上海导则对街道环境本身关注更多，体系也更加全面，上海导则将街道更细地划分为商业街道、生活服务街道、景观休闲街道、交通型街道和综合型街道五类，从安全、绿色、活力、智慧四大目标对上海市街道环境提出了具体的要求，导则图文并茂，甚至具体到对上海市中心城区每一条道路的具体类型划分，是迄今为止国内街道设计导则的集大成者。

除了天津、北京和上海的实践之外，国内其他主要城市如南京等也加入了街道环境导则的研究和编制中，可以说，国内对街道环境的控制引导研究与实践正形成一股热潮，在可以预见的未来，会有越来越多的城市编制适合自身的街道环境导则，编制完成之后，如何有效落实导则的具体要求，则成为更具挑战性的问题。

三 城市设计层面街道环境导则核心问题

（一）城市设计层面街道环境导则编制范畴对比研究

在国内常见的规划类型中，对街道环境有明确控制要求的主要包括城市绿地系统规划、城市设计以及景观设计。其中，城市绿地系统规划主要侧重于城市绿地的体系化梳理，对景观风格和细节等不做具体要求；城市设计以城市整体风貌、建筑群体形象为表达重点，对具体地块的景观环境的引导内容较少；而各个层面的景观设计虽然设计详细，但往往对片区内景观环境的整体性考虑不全。从上述对现有的相关规划类型的分析可得出，若能在城市设计与详细景观设计这两个规划层级之间增加一层城市设计层面的街道环境导则，将对深化城市设计的整体城市形象理念，指导更为详细的街道景观环境设计起到承上启下的关键作用，因其有助于形成多个地块的景观整体性。从某种意义上说，城市设计层面的街道环境导则尤其适用于较大面积范围内的城市重点片区、重要形象片区的街道景观设计引导。

在这里，还应对街道环境导则与城市设计层面的街道环境导则的差异有所阐释。本文所提出的城市设计层面的街道环境导则脱胎于上文所介绍的国内外的具有城市普适性的街道环境导则,但后者更注重一定面积范围内的区段街道景观面貌的塑造和主题的营造,并在此基础上对每个地块景观设计所要达到的具体要求进行规定,对于规划范围内街道景观环境起到决定性作用的要素,甚至可以做出规定性要求而非引导性建议。在一定程度上,城市设计层面的街道环境导则比普适性的街道环境导则更具有针对性,做到具体地块问题具体分析,更具备可操作性,可以避免每个地块单独进行街道环境景观设计可能导致的总体景观面貌的破碎和不协调等问题。

(二) 城市设计层面街道环境导则编制的必要性

与"街道环境导则"类似,近年来,"城市设计"也是国内城市规划界的热点词之一。2015 年 12 月举办的中央城市工作会议中提到加强城市设计,提倡城市修补,给城市设计工作带来了极大的机会。与分类引导式的街道环境导则相比,城市设计更具备具体地块的针对性,由此可知,无论是在已有城市设计方案基础上对街道环境进行引导或是对具体街道进行城市设计深度的街道环境设计,都会比直接套用化繁为简的城市街道导则更加具有针对性和实施性。

再结合我国城市建设发展的阶段和具体问题来看,当前我国城市建设已逐步超越了大兴土木建道路造房子的初始阶段,部分城市已到达了精细化建设阶段。正如引言中所提到的,好的街道环境不但能为市民的生活、工作、游憩和通勤提供良好的载体与户外空间,还能向游客展现城市的精神面貌和文化气质,在某种程度上街道环境可以比建筑更能代表一个城市的形象面貌,对街道环境进行城市设计层面的导则编制是我国城市建设发展到一定程度的必然需求,同时,考虑到无论在旧城改造还是在新城建设中,城市各个地块普遍存在建设和改造进度、深度参差不齐的现实情况,因此基于现状,从城市设计层面对街道环境进行引导,将对进一步的街道环境设计起到统领作用,为城市形成整体的街道环境面貌做好准备工作。

(三) 城市设计层面街道环境导则编制表达形式探讨

对于具体编制的内容,笔者借鉴了城市设计的控制引导方式,即通过总图概念性方案设计,对规划范围内的景观面貌进行设想,并在此基础上根据各个地块的建设现状、地块的用地性质和规划的建筑功能，对其街道环境做出具体的要求，也对必要的街道街景和文化主题等进行详细规定，再通过地块图则的形式进行表达。这样的表达形式为规划管理部门的管理控制和土地出让附加条件的提出都带来了便利。

四 案例分析：重庆市渝北区同茂大道城市设计层面街道环境导则编制研究

（一）同茂大道街道环境导则编制背景

同茂大道位于重庆市渝北区空港新城范围内，规划设计范围为西起悦来隧道东出口，西至同茂隧道西入口的以道路中心线向南北两侧扩展 35 米沿街范围，这一段如同掩藏在两段隧道之间的一段幽谷。大道两侧规划有重庆日报社、重庆市检察院、渝北区行政服务中心、重庆中央公园等重要商业商务、行政以及公共服务设施，东西向的同茂大道直通重庆两江机场，是代表重庆城市形象的重要大道。本次街道环境导则编制研究附属于重庆市规划局委托的同茂大道沿线城市设计项目，是城市设计导则的附加设计文本。

（二）同茂大道现状问题与城市设计前提

作为重庆市渝北区的主干道路，同茂大道现状红线宽度为 42.5 米，大道的道路主体部分早已建设完成，道路两侧局部路段已完成建筑单体的建造工作，自西向东包括重庆日报社、重庆市检察院、重庆中央公园以及东段的大部分居住建筑，因建筑均为近五年建造的，因此质量较好。现状人行道宽度为 8.5 米，局部路段已种植了双排悬铃木作为行道树，但树形不佳，道路中央无绿化隔离带。人行道完成地面铺装但质量较差，全路段铺装均统一，缺少特色。大道两侧有三处公交站台，站台设施简陋，无腹地广场，也无法遮阳挡雨，形象差，使用不方便。总体来说，同茂大道虽有"城市形象大道"的区位优势和道路骨架，从现状来看，还没利用好自身优势，存在道路设施不齐全、交通管理不到位、整体形象不鲜明、地块特色不突出等众多问题，与其所应达到的城市形象代表的要求还相差较远。

在城市设计阶段，已将同茂大道定位为展现重庆渝北城市形象的景观大道，空港新城的城市公共活力轴，并提出了"山城繁华道，七彩盛景廊"

的城市设计口号,根据规划的地块功能将同茂大道及周边总体划分为商业中心段、中央公园段、行政中心段和现状(居住区)协调段。

(三)同茂大道街道景观环境导则总体目标

在梳理了现状和城市设计的前提条件后,笔者提出同茂大道景观环境导则的目标为打造承载生活、文化、节庆与自然的城市风景线和景观大道,要达到这一目标,必须解决现存的四大问题,即景观形象与地位不匹配、景观环境与功能不关联、景观与各类设施未对接、景观地形特色不明显。针对以上四大问题,笔者从城市设计层面提出了五项重要的总体手法。

1. 重构——贯通东西、活力脉动

现状同茂大道沿线地块众多,但建筑风格有差异,沿街环境毫无整体性可言,景观环境严重破碎。为了解决这一问题,规划要求打造沿街道南北两侧自西向东连贯的活力步道,旨在串联城市记忆,展现绿色健康的生活方式,要求步道保持连贯,并将过街人行横道包含在内,根据地块功能将步道划分为三段三大主题,分别为城市记忆文化特色铺装道、绿色活力步道和健康生活漫步道,通过步道的连接作用,重构沿线破碎的景观环境。

2. 贯通——交通便捷、无缝对接

同茂大道不但是机动车交通的主干道,也是集聚了多个重要公共交通节点的重要服务性道路。轨道交通 5 号线、9 号线、10 号线分别在大道两侧及周边汇集(在建),道路沿线共有三处公交站点,为了解决现状公共交通站点使用不便的情况,规划提出交通站点必须与开放空间、活力步道顺畅连通,从而方便连续的通勤使用,同时通过公共交通站点广场及广场上相关设施的建设,缓解短时间内较大人流涌现所导致的拥挤和环境体验差的问题。

3. 激活——活力街区、场地激活

不同功能地块和建筑的附属环境空间往往因为使用人群需求的不同而具备不同的特色,考虑到同茂大道沿线地块功能众多,因此提出景观环境必须与建筑功能相匹配,从而激发空间使用的可能性。对于办公地块,要求设置午间休憩节点、口袋花园;对于商业地块,要求设置足够的沿街商业、活力时尚广场等;对于居住地块,要求设置方便居民活动的迷你广场和花园,并有较宽的绿化带用于隔绝机动车噪音。

4. 人文——整合空间、丰富内涵

每个城市甚至不同地段的环境景观都应当具有自己的特色，同茂大道也不例外。导则要求景观环境必须展现山城风貌特色，处理好地形和高差变化，并能塑造宜人、具有文化气息的活动空间。在城市设计的基础上，对重要的广场空间和绿地空间做出比其他地块更为具体的景观设计指引要求。

5. 点亮——点亮城市、闪耀生活

夜景灯光是夜间展现一个城市或地区形象风貌的重要方面，导则结合上位城市设计方案以及景观概念方案为同茂大道沿线景观环境进行了总体的夜景灯光设计引导，要求多样化景观灯设计，打造靓丽的丰富夜景。在灯具类型上，具体要求到高杆灯、景观路灯、座椅灯、草坪灯和地灯，在照明方式上，则具体要求到底端照明、低光、顶端照明、景观路灯照明、绳灯、发光界面、发光雕塑和树木照明。

有了以上五种手法在城市设计层面的总体指导，能给后期的景观详细设计指引好方向，防止各个地块在出让后各自为政，导致景观环境不整体、破碎情况的出现。这五大手法的提出也是街道环境导则在"城市设计"层面的具体体现。

（四）同茂大道景观形象重点塑造引导

在提升同茂大道沿街景观环境整体性的基础上，为了让同茂大道成为让人第一印象深刻的城市风景线，笔者在研究了世界范围内城市景观大道案例后，认为除了道路两侧出众的建筑界面，大道沿线丰富的公共空间与美丽的植被景观是最能给人留下深刻印象的要素。

1. 人的活动使用空间总体要求

导则要求全路段所有沿街空间必须将硬地空间有机划分为停留空间和通过空间，将通过型人流和停留游憩型人流分离，有利于空间的合理利用。同时，在重要的公共空间节点有意识地放大广场空间或草坪空间，例如位于道路西段的商业中心节点和中央公园东段的行政中心节点，从而人为创造景观兴奋点和重要大型活动的集散广场空间，这些重要节点的存在为未来大型活动的举办创造了可能性，这与同茂大道作为承载生活、文化、节庆与自然的城市风景线的景观定位相符合。

2. 行道树与重点片区种植引导

导则提出了花林幽谷的景观主题，希望游客在从隧道进入同茂大道的

一刻起，就能感受到身处美好花林的体会。为了营造这一效果，笔者在重庆乡土树种中，选取了具备优秀季相景观变化的植被作为行道树，沿路自西向东分段设置多种组合的双排行道树。同时除了高层的行道树之外，还应有中层和下层的小乔木和灌木配置，灌木鼓励采用杜鹃、三角梅等开花种类，从而打造上中下三层的多层次沿街植被景观效果。

表 1　同茂大道沿线行道树树种一览

位置	商业中心段	中央公园段	鲁能招商段	行政中心段	现状协调段
临路排	桂花	合欢	银杏	蓝花楹	桂花
临建筑排	悬铃木	榉树	黄花槐	早樱	悬铃木

资料来源：笔者自绘。

除了行道树之外，还对局部重要景观节点植物造景提出要求，要求行政中心段沿街地块打造疏林草地景观效果，草地上种植早樱，在春季可形成美丽的樱花盛开的景象。

通过对行道树和重要景观节点的种植设计引导，可形成四季亮点纷呈的街道景观效果，不论游客在哪个季节来到同茂大道，都有景可看。

（五）街道景观环境分类型引导

"城市设计层面"街道景观环境导则存在的一个重要意义在于为各个具体地块的具体情况进行针对性引导，在实践过程中，笔者发现对于已建成完善地块、已建成不完善地块和未建地块必须提供不同的建议，才能更好地适应它们的具体情况。另外，对于相邻的在功能上有所关联的地块，也必须对它们进行联合的景观环境引导，才能更具备整体性。

1. 不同建成程度地块街道景观环境引导

对于已建成地块，导则着重提出对景观设施缺项的补充、对行道树种的更换和补充等建议，总体原则为避免太大改造量，但对于连续步道这类对沿街景观整体性影响很大的要素，仍然会要求对建成景观进行加建或改造。

对于还未建成的地块，除了要求将来的景观方案和建设必须符合导则中对总体景观的引导要求，还将根据具体地块性质和功能提出具体的氛围、使用空间等要求。

2. 相关联地块街道景观环境引导

对于功能相类似、空间和建筑体之间有强烈关联性的地块，导则中将这些地块一同考虑，提出进行具体的景观环境引导要求，对其关联功能空间的营造，地形的联合处理、广场和通道的对应关系、文化要素的一致性等都在一张图纸中进行要求，便于后期详细景观设计的借鉴。

（六）分地块景观环境导则

除了对同茂大道沿线整体街道环境的引导要求之外，笔者还根据各个地块的具体规划与建设情况，绘制了分地块景观环境导则。导则中包含了地块区位、现状评价、概念方案、设计引导等内容，导则阅读便捷，未来可作为地块出让的附加图则一同交付给开发商，成为具体地块设计的前提条件指导开发商进行建设。

五　结论与讨论

随着我国城市建设进程的不断加深，地方政府和市民对街道景观环境的重视程度也越发提高，城市设计层面的景观环境导则的编制将补全传统的城市绿地系统规划、控制性详细规划和详细景观设计之间所欠缺的具有统领性、整体性、现状协调功能的一个规划层级，并弥补城市设计更偏重于建筑整体风貌和群体关系而缺少景观环境引导的缺憾，营造真正的城市公共空间和公共场域。

但我们也必须看到，对城市设计层面街道环境导则的编制在适用范围和设计人群适用性上具有局限性。在适用范围上，它更适用于具有特殊景观要求的城市重点片区如重要干道或重要地段的环境引导，如文中所举例的同茂大道，也更适用于建设现状情况参差不齐、在城市规划管理上具有一定难度的地块和地段。在设计人群适用性上，导则是否能对具体人群的需求进行有效反馈，如针对儿童、残障者、老人等的特殊公共空间需求进行参与式设计（孙炜，2019；张潮，王竟熠，2019）等。但无论如何，作为一次基于未来城市发展理念和美好生活愿景的有益尝试，城市设计层面的街道环境导则的编制和具体实践将为未来城市设计体系的完善，城市规划管理工作的便利提供更多的思路和可能性。其编制的深度、引导的方向和内容还有待进一步的理论探讨和实践检验。

参考文献

陈畅，李彤，周威（2010）：《基于构成要素的城市街道景观导则研究——以天津市城市道路界面景观设计导则为例》，《规划创新：2010 中国城市规划年会论文集》，8。

陈畅，周威（2013）：《把握街道性格塑造优质街道空间——借鉴美国城市设计导则的街道界面设计导则》，《城市》，（02）：43-47。

葛岩（2017）：《城市街道设计导则的编制探索——以上海市街道设计导则为例》，《上海城市规划》，27（05）：65-72。

顾朝林，谭纵波，刘志林，戴亦欣，郑思齐，刘宛，于涛方，韩青（2017）：《基于低碳理念的城市规划研究框架》，《城市与区域规划研究》，9（03）：225-244。

姜洋，王悦，解建华，刘洋，赵杰（2012）：《回归以人为本的街道：世界城市街道设计导则最新发展动态及对中国城市的启示》，《国际城市规划》，27（05）：65-72。

刘志林，廖露，钮晨琳（2015）：《社区社会资本对居住满意度的影响——基于北京市中低收入社区调查的实证分析》，《人文地理》，30（03）：21-27。

宋亚娟（2015）：《"国家中的社会"到"国家与社会共治"：〈街坊变迁：城市社区组织的国家性与社会性〉评述》，《社会建设研究》，（01）：165-175。

孙炜（2019）：《审议式公民参与的公共赋权：台湾桃园市参与式预算的公民创新》，《中国非营利评论》，23（01）：149-171。

张潮（2017）：《公民文化：一种公民参与的研究视角》，《社会建设研究》，（02）：3-11。

张潮，王竟熠（2019）：《童年的未来：儿童的公共参与和公共空间》，《中国非营利评论》，23（01）：239-248。

赵勇（2007）：《国内"宜居城市"概念研究综述》，《城市问题》，（10）：76-79。

How the Street Environment Included into Urban Design and Development

Liang Xiaona

Abstract：In the planning management of key urban areas, the planning department often faces the problem of disconnection between the existing planning system and detailed landscape design. To solve this problem, a solution is provided called environmental guidelines for streets on an urban design level, which offers a comprehensive guidance for street landscape design and narrows the gap between detailed landscape design and urban plan. The paper introduces the history of the street environmental guidelines, it discusses the necessity and core issues in the compilation of street environmental guidelines on an urban design level. Then an application in Tongmao Avenue is introduced and the importance in improving daily planning management work and planning systems is analyzed. Finally, the paper discusses the possibility of improving the applicability of the guidelines to give effective feedback to the needs of specific population, and creating a more perfect urban public space.

Keywords: The Street Environmental Guidelines; Urban Design; Applicability of Design

（责任编辑：林顺浩）

草根志愿组织社会资本的建构与利用[*]

刘素素　宋　洁　潘　桐[**]

摘　要： 近年来草根志愿组织因其非政府性、民间性、非营利性，得到了政府和社会各界的关注，发展前景愈加广阔。但是，草根志愿组织的发展也存在诸多困境，如人员专业性较差，资金渠道单一，长期专业化发展受阻等。社会资本能够在志愿组织成立初期和发展中期产生不同维度的促进作用。通过对苏州市 10 位草根志愿组织的创立人和工作人员进行深度访谈，研究发现，社会资本主要从个人层面和组织层面对草根志愿组织的创立和成长产生影响。社会资本的建构和有效利用有助于培育和发展草根志愿组织。进行企业化管理，扩大政府购买服务的范围，进行社会资本的有效调动以及丰富与企业合作的方式，是新时代培育草根志愿组织的适用路径。

关键词： 草根志愿组织　社会资本建构　政府购买服务

一　研究背景

（一）研究背景

随着市场经济的进一步推进，草根志愿组织不断涌现。与此同时，在政府不断加大社区建设力度、提高社会服务购买水平的背景下，当下的政策环境为民间志愿组织的发展和壮大提供了条件。《中国社会组织报告（2018）》指出，我国社会组织近两年来处于迅速发展的时期，在国家治理

　＊　本文是国家自然科学基金青年科学基金项目"社区非营利组织参与社会治理的行为模式与有效性研究：基于大数据的实证分析"（项目编号：71804120）的阶段性成果。
＊＊　刘素素，博士，苏州大学社会学院副教授，研究方向为社会组织、社会工作理论；宋洁，苏州大学社会学院社会工作专业硕士研究生，研究方向为社会工作实务；潘桐，中国人民大学社会与人口学院社会学硕士研究生，研究方向为农村社会学、社会组织。

体系中的地位和作用得到了巩固和提升，开始迈入发展的新时代。在社会组织发展趋势方面，《中国社会组织报告（2018）》显示，截至 2018 年第一季度末，我国社会组织的数量达到 808479 家，其中社会团体 376236 家，民办非企业单位 425850 家，基金会 6393 家。江苏省社会组织数量已超过全国的 1/10，其发展规模与速度均居全国前列（黄晓勇，蔡礼强，2018：20）。民间组织对维护社会秩序具有重要作用，是构建和谐社会的纽带和桥梁，其发展具有现实意义。志愿服务组织的不断增长，对推动志愿服务活动的开展，加快精神文明建设，推动社会治理创新，促进社会和谐稳定发挥了重要作用。中共中央宣传部、中央文明办、民政部、教育部、财政部、全国总工会、共青团中央、全国妇联印发《关于支持和发展志愿服务组织的意见》和《志愿服务条例》等都体现了国家对志愿组织和志愿活动发展的重视。

（二）研究问题

草根志愿组织的发展受政治体制、经济发展水平和文化传统的限制，在发展过程中会遇到一些普遍问题。在草根志愿组织的初创阶段，其面临着如何有效利用组织创立者"个人层面"的社会资本使组织成功运转的问题。在草根志愿组织度过初创阶段，进入发展阶段后，组织如何通过构建"组织层面"的社会资本以巩固组织的发展，提升组织的建设能力与创新能力，也需要探究。草根志愿组织在初创阶段各项工作的开展主要是靠创立者所拥有的社会网络来提供支持，但这通常只呈现短期效果；在发展阶段，草根志愿组织由于其"草根"特性，容易受政治体制的约束、资源不足的限制，如何在政府、企业、社会领域吸引社会资本并对其进行整合以促进本组织的长远发展，需要进行深入的探讨。本文主要立足于草根志愿组织发展的两个阶段——初创阶段和发展阶段，从社会资本的建构和利用层面对草根志愿组织的培育与发展问题进行探究，结合实际，提出培育草根志愿组织的对策与路径。

二 文献综述

目前国内从社会资本建构与利用角度探讨民间志愿组织的培育和发展方面的文章较少。本文通过文献分析对草根志愿组织的发展现状和社会资本概况进行梳理，对已有文献进行评论。

（一）草根志愿组织

学界对于草根志愿组织的定义并不统一。我国学者丁元竹、江汛清将志愿者组织定义为"是一种非营利组织，具有共同志愿的人有序集合，以志愿精神为驱动力，不计物质报酬，自愿奉献时间、资源、精力、技能等，来从事社会公益事业"（孙莉莉，2010：58）。贾西津认为，虽然草根组织的正规性没有被正式认可，没有"法人地位"，但是在很大程度上具有非营利组织具有的一些特征，比如非营利性、非政府性等（刘澄诚，2012：22）。朱健刚认为，草根组织是一系列志愿行动的载体和行动者的聚合状态。

本文认为，草根志愿组织是指由自下而上的民间力量发起的，基于行动者的共同意愿而自发形成的组织。同以政府为依托的社会组织不同，草根志愿组织因其自愿性、公益性、非营利性和民间性的特征，带有更纯粹的民间色彩。

（二）社会资本

社会资本这一概念在社会学、政治学等诸多领域应用比较广泛，学界对其并没有统一的定义。福山对社会资本的定义是，"社会资本是由社会的普遍信任或者是大部分信任所产生的力量造成的。它存在的范围极其广泛，比如家庭、国家和其他群体。"皮埃尔·布尔迪厄认为，"社会资本是实际的或潜在的资源集合体，那些资源与某些持久网络的占有关系重大，密不可分。而且这些网络是大家都熟悉的，得到公认的，是一种体制化的关系网络"（宋中英，2011：95）。

同时，很多学者对社会资本的概念进行了分类。诺曼·厄普霍夫将社会资本区分为结构性社会资本和认知性社会资本；安尼鲁德·克里希纳把社会资本分为制度资本和关系资本等（宋中英，2011：95）。美国学者傅高义试图用"朋友式关系"和"同志式关系"来对社会资本进行分类（夏松，2007：5）。本研究参考以往学者对社会资本的论述并考虑研究开展的现实情况，把社会资本分为个人层面的社会资本和组织层面的社会资本。对于个人层面的社会资本，本文参考 Gittell 和 Vidal（1998）对个人在社会经济活动中互动网络亲疏远近的划分，同时考虑个人所拥有的社会资源、社交

网络以及同政府相关部门的联结等。对于组织层面的社会资本，本文采用
Adle 和 Kwon（2002）对企业社会关系网络的界定，从内部关系网络和外部
关系网络两个部分来进行探讨。

（三）社会资本对草根志愿组织发展的影响

从文献回顾来看，学者从不同的视角论述了社会资本对草根志愿组织
发展的重要影响。傅高义从社会资本中蕴含的社会动员力量的角度，阐述
了社会资本对民间组织发展的促进作用。他认为，民间组织的共同资
源——社会资本，组织成员的集体行动受社会资本影响，若能与组织利益
相关者有效整合，则可建立组织的社会动员机制和提升发展优势。在社会
资本再生产上，社会资本在使用的过程会产生增值，社会资本的使用者就
是受益者（夏松，2007：9）。

罗宁从多数草根志愿组织的生根地——社区入手，强调了社区社会资
本可以通过居民归属感、社区凝聚力等为组织发展带来动力。对于社区来
说，决定社区活力和凝聚力的高低以及社区治理的效果和效率的重要因素
就是社会资本总量的多少和具体分布情况。社会资本总量丰富且分布较均
衡，居民的社区归属感就会增强，社区治理的效果就会变好，社区发展的
目标就能更好地实现。反之，社区就会因居民缺乏兴趣，不想参与社区事
务而缺乏认同感，社区发展目标的实现就会遇到困境。社区志愿组织必须
有社会资本的支持（罗宁，2007：32）。

李正中和王富春在研究中国农村民间组织的运作过程中强调社会资本
可以为组织的发展带来信任机制。社会资本的信任机制不仅可以让人们向
组织提供资源，来换取自己所需的；同时，规范机制会降低组织活动的不
确定性，人们会增强对组织的信任（李正中，王富春，2015：5）。

从文献回顾的情况来看，社会资本对草根志愿组织的积极作用在不同
方面均有体现，但很少人从组织的初创阶段和发展阶段分别对社会资本的
建构和利用进行探究。本研究通过对苏州市数家草根志愿组织创办人和工
作人员的深度访谈，探讨不同组织创办人在初创阶段个人层面社会资本的
状况，以及如何在组织发展阶段建构组织层面的社会资本，以实现组织的
长远规划。

三 研究方法

本研究采用深度访谈法。通过目标抽样，依托课题组成员的学术网络，经过前期对民间组织的服务性质、成立时间和发展情况的比较与筛选，选取江苏省苏州市的草根志愿组织为研究对象，对组织创立人和专职人员分别设计访谈提纲，进行深度访谈。同时，运用文献法对既往的文献做二次分析，通过文献分析草根志愿组织对社会资本的建构与利用，为本次研究提供借鉴。

四 研究结果

本研究选择江苏省苏州市的 7 家草根志愿组织作为研究对象，共选取 10 位被访者作为访谈对象。被选的草根志愿组织服务的主要内容涉及社区服务、环保、助老助残、青少年以及抢险救灾等。研究者对草根志愿组织的创立人和工作人员进行调研，探讨草根志愿组织在不同阶段中如何在"个人层面"和"组织层面"挖掘并利用社会资本，以及在整个过程中遇到的困境及解决措施。

（一）草根志愿组织被访者基本资料

受访者是来自 7 家草根志愿组织的成员，其中组织创立者 7 位，组织的工作人员 3 位。这些受访者从事社会组织工作的时间为 3~8 年，大多数受访者之前从事的职业分散、范围较广，主要有程序员、酒吧老板、工厂厂长、企业培训员、国际货运员、大学老师等。

访谈的主要内容包括个人层面和组织层面的基本信息，初创阶段的社会资本来源（创建社会组织的原因、注册资金来源、是否曾获得家人朋友的支持与帮助、自我评估个人的社会资本在其初创阶段所起的作用、之前所从事的行业对其创建社会组织有何作用等），发展阶段的社会资本建构策略（志愿者的获取途径、如何获取并接触到服务对象、与相关政府部门的关系、如何寻求和政府建立连接、与相关媒体的关系等），社会资本建构中的困境和对策（在获取员工、政府及服务对象的信任方面存在哪些困难及采取对策；是否寻找到途径获得相关企业资助及社会捐赠；组织运营者与组织成员之间是否有信任及利益等方面的冲突，如何解决；组织在建立公信力方面存在哪些困难等）。

（二）草根志愿组织发展的困境与瓶颈

1. 草根志愿组织工作人员：数量较少和专业性匮乏

首先，组织工作人员数量较少。经过访谈发现，大多数组织的专业人员数量不超过 15 位，个别组织甚至只有 2 位专职工作人员，这其中专业社工（有社会工作教育背景或已考取社会工作师资格证）人数更是屈指可数，很多人员主要是出于对社工这个行业的热情而来。机构专业人员的组成偏年轻化，年轻人对于新兴的工作模式和方法可接受程度更高，工作热情更高，但是，年轻的工作人员经验过少，在如何管理组织以及如何筹措资金方面无法胜任。

Q："如果招募到了相应的专职人员，他们的工资酬劳从哪里来？"

A："机构内的专业工作人员很少，主要以兼职、志愿者为主，走马灯式的轮换导致内部变动频繁。钱主要由机构出，不够的由自己垫付。政府主要给的是项目资金，但它不包括组织运营的资金。这也是社会组织不被看好的原因之一，政府没办法帮你'养活'内部人员，但自己总要解决待遇问题，社会组织没有这个实力，就需要'暗度陈仓'。这么一来，'初心'不在，项目质量也大打折扣。"

Q："请问您的组织里现在专职的工作人员有多少？"

A："兼职的人员有很多，专职的工作人员基本没有，我本人也只能算是兼职。负责运营管理的固定人员就两人左右。"

其次，工作人员流动性大。组织中的正式工作人员比较少，组织中的专业人员从事这项工作主要是出于对社工事业的热爱，以及由自身的信念所支撑，现实的薪酬和待遇问题造成初心和现实之间的矛盾；同时，志愿者的流动性也很大，志愿者参与时间比较随意，这些都会造成组织发展不稳定。

Q："您认为现在社会组织发展的最大困难是什么？"

A："归根到底，还是人的问题。社会组织要想稳定发展，必须要有一套稳定的班底，并且不仅要把这些人'养活'，还要把他们'养好'。所谓'养好'，不是指经济上的富足，而是提高他们的能力和技能。走马灯式的轮换导致内部变动频繁，而只有稳定的人员构成，才能够促进机构发展。"

再次，在职人员专业能力和技巧欠缺，专业性弱。根据访谈内容得知：大部分组织中的正式工作人员基本上都没有在社会工作专业方面进行过正式的、系统化的学习，甚至很多组织的创始人都是非社会工作专业的，他们大都是基于社会组织近些年的快速发展和社会需求度提高而创办社会组织的。

> Q："您觉得现在青年社会组织的困境是什么？"
> A："首先是资金的不稳定，没有办法很好地面对市场。其次是需要提高专业度，只有精益求精不断进步才不会被淘汰，否则也没有办法很好地把握市场的需要。最后就是人员的管理，每个人的目的各不相同，这就考验领导者的管理能力。"
> Q："您认为现在草根组织遇到的最大困难是什么？"
> A："没有专业的培训，现在学习的渠道大都不适合。没有经过系统化学习的人员很难听懂专业的词汇，因此培训的效果普遍不好。第二个就是资金欠缺的问题，政府虽然投入很多，但效率不高，大多没有用到真正的政府购买上。"

最后，志愿者招募和管理困难，流动性较大。由于很多草根志愿组织的规模比较小，组织的专业成员少，组织的运行在很大程度上是依靠志愿者来进行的，对志愿者的管理成为草根志愿组织发展的一个重大问题。志愿者的招募途径比较单一，主要是通过 QQ 或者微信群招募的；志愿者从事活动的时长不固定，大部分志愿者可能只参加一次到两次活动，持续从事活动的志愿者比较少，流动性比较大。

> Q："您平时是如何招募志愿者的？志愿者的构成是怎样的？"
> A："组建了一个对外开放的志愿者群，活动公布后，有时间有兴趣的志愿者就会来参加。从参加活动的志愿者里，再挑选比较有能力

的志愿者，做一些规划活动。学生志愿者其实比较少，志愿者主要是由青年人组成，特别是妈妈带小孩一起来参加，想让小孩在志愿活动中学到东西。"

Q："您算是个管理层人员吗？平时对志愿者的管理有什么困难吗？"

A："是的，算是。志愿者的管理困难肯定是有的，第一，志愿者有自己的工作，有些事情他没有时间去配合你去做；第二，就是我们对志愿者没有什么约束力，毕竟他们是自愿过来的，我们不可能对他们有诸多的限制，每个人都有自己的性格，管理起来比较困难。"

2. 草根志愿组织的资金来源渠道单一

草根志愿组织的外部资金来源主要有社会捐赠、政府支持、组织自身的项目以及有偿服务。而很多组织主要的资金来源就是政府，由于组织创立的时间以及规模等各种因素的影响，组织公信力低，对于社会捐赠的吸引力弱，只能依靠政府的支持。

Q："除了政府项目的资金来源，有没有其他的资金来源？"

A："目前没有，除了政府支持，没有其他的资金来源。政府不给钱，我们也要自己掏钱来做。"

Q："您认为现在您这个机构与政府部门关系如何？"

A："民政部门支持社工组织发展，但是社工组织现在没有形成规模体系，还无法推动真正的政府购买，希望在未来可以由政府牵头推动社会工作真正的购买机制。"

3. 组织评估和激励制度不完善，长期专业化发展受阻

大多数绩效评估制度和激励制度还未建立起来。很多组织由于规模过小，发展时间较短，很多机制包括评估机制、绩效机制等都没有建立完善，这对于留住专业人员和吸引专业人才都有不利的影响，进而不利于组织的长期发展。

Q："组织有绩效考核之类的吗？"

A："有一些章程，更多是靠自我意愿去学习规范。"

Q：“考勤严格吗？有绩效考核吗？”

A：“现在规模比较小，制度不太严格。就没有什么规定。”

4. 组织创办初心与社会、家庭环境产生碰撞

第一，政府和社会组织对项目的开展进行沟通较少。目前，我国这方面的法律法规如《慈善法》《社会团体登记管理条例》《民办非企业单位登记管理暂行条例》等，都对扶持草根志愿组织做出了规定；但是，在社会组织承接了政府购买服务之后，在项目的实施过程中会出现各种问题，社会组织往往缺乏与政府的沟通，社会组织应该提出需要哪方面的具体支持。

Q：“在整个组织运营的过程当中有过什么困难？”

A：“最明显的困难就是没钱，因此造成没人，也没有好的活动，因为很多好的活动需要很多资金来支持，就结果来讲，没钱是社会组织目前遇到的主要问题之一；其次，我们和艾滋病的主管单位疾控中心的合作，因为要合作的话，很多事情和他们商量着来，有些事情他们的支持力度不够。”

第二，家人及其周围他人的压力与发展初心的碰撞。社会组织的发展初期都是依靠组织创始人的个人圈子的力量来支持的，主要包括创始者自己的和周围人员的资金支持，前期的资金投入是比较大的，并且，组织的发展是一个长期过程，这就会造成创立者家人以及周围人的质疑，这对于创立者的信心会有所打击。

Q：“那您做这个工作，家人朋友支持吗？”

A：“起初当然是不理解的。后来逐渐就开始理解了。到了现在，是被迫支持，虽然已经理解了，这个事情肯定是需要有人去做。但别人都是大把大把赚钱回家，我是大把大把从家里拿钱，那肯定是被迫支持了。”

（三）社会资本建构对草根志愿组织培育的影响

结合对访谈结果的梳理，以下分别从草根志愿组织创立人个人层面和

组织发展阶段的组织层面探讨分析社会资本的合理建构对培育草根志愿组织的影响。

1. 社会资本对组织"个人层面"所产生的基础性影响

首先，社会支持网络的广度与深度对创建者筹集资金有关键影响。创建者社会关系网络的广度和深度决定了创建者将会向谁寻求资金支持。如果创建者的社会关系网络只是局限于亲戚朋友等熟人时，他更多地倾向于向身边熟悉的人筹措创业资金；而当创建者的社会关系网络的广度扩大，其中包含了金融或投资机构的领导者或影响者时，创建者将会更多地选择从机构渠道来筹集资本，亲朋网络则退居次要地位（刘兴国、沈志渔、周小虎，2009：42）。创建者的社会关系网络越广泛、越强大，越容易创建组织，并且可以为后期组织的发展奠定坚实的基础。

其次，社会资本对组织获取信息和资源起了至关重要的作用。在创建社会组织的发展过程中，主要依赖于管理者的社会资本或社会网络来为组织获得外部信息（政策信息、项目信息等）和资源（资金渠道、人才渠道等）以便帮助组织有效地识别和捕捉发展机会。完成原始积累，最终领导组织逐步走向成熟和稳定。

最后，创立者通过对社会资本的利用可以更好地发现创新性机会、整合组织资源、加快组织的创办进程。创立者的稀缺资源和对组织发展具有关键意义的战略性资源都可以通过关系网络进行低成本地获取。在本质上，资源获取是新组织利用创立者的社会资本提升绩效的重要机制之一，在组织的创办过程中，拥有更广泛、更丰富的社会关系的创立者更容易获取到充裕的资源。

2. 社会资本对组织"组织层面"所产生的长效性影响

首先，增加组织的资本拥有量，有利于组织向更专业的方向发展。在当代信息、资源开放、共享的时代里，组织可以通过和外界的环境、组织、企业、个人等交换资源、信息等。任何一个组织都不需要也无法拥有所有的资源，组织可以通过自己建构的外部社会资本获取自己所需的资源，比如资金、技术和知识等。比如，志愿组织资金的支持主要是由志愿者中的企业管理人员或者投资人提供；志愿组织的培训等人力资源主要是由志愿者中的教师群体来提供，志愿组织中的医疗群体可以给志愿组织带来医疗服务资源等。

其次，有利于扩大组织的活动面，扩大组织的规模。志愿组织中的社会资本既有利于吸引更多的志愿者，也有利于鼓励志愿者持续参与志愿活动。志愿组织人员主动参与组织的管理与活动，也会对身边的志愿者参与活动带来影响，进而把志愿活动的参与和组织的管理当作一种责任。

最后，有利于提高草根志愿组织的规范性。社会组织的持续发展也需要社会资本的规范机制发生作用。布尔迪厄认为，合理的制度安排能有效地降低组织活动中的不确定性，并在交换行为中顺利地转化为其他形式的资本。例如，社会组织的财务制度公开透明，让社会各界人士都可以看到社会组织的资金运转以及投入，提高公众对社会组织的信任度。有专门的会计负责日常票据的核对与记录，主要的资金使用由理事长决定，这种严密的财务制度有利于促进社会组织向正规化方向发展。

五 促进草根志愿组织社会资本有效利用的路径

扩大政府购买服务的范围，即政府通过服务购买的形式，采用招投标方式，将服务外包给非营利组织。政府对草根志愿组织应加大关注度，设立草根志愿组织发展需求评估机制。有针对性地对社会组织进行资金支持。政府与民间组织之间应当建立一种"双向互动的合作型关系"，政府为民间组织的发展提供后盾，包括制度保障、政策落实等，而民间组织则协助政府解决一些社会问题，比如社区治理、环境保护等方面。在互动合作的过程中实现双赢，双方的能力都有所加强，政府方面的政绩更加显著，而民间组织也得到了政府和社会的认同，可以运用良好的形象和定位来获取社会和政府的资助，扩大发展空间。

对资本进行有效调动，将内部社会资本和外部社会资本充分结合。内部社会资本主要包括领导者的领导能力和作风，以及组织成员凝聚力的高低。外部社会资本主要包括企业的资助、个人的捐赠、政府部门的资金支持和项目购买等。将内外部社会资本进行有效结合需要社会组织拥有切实可行并且对社会发展具有重要意义的项目，以及社会组织领导人和成员对于社会组织发展的信心。

进行企业化管理，即非营利组织借鉴企业管理的办法对组织内部各项运作进行规范。遵循企业发展规律，优化资源配置。社会组织内部可划分为成本中心、利润中心或投资中心，对可控费用进行预算与考核。进行企业化管理对社会组织来说，有利于提高效率。王思斌将社会组织的结构分为以下几种：直线型、职能型、直线—职能型、事业部型、矩阵结构。很多大型企业使用事业部型结构，鼓励社会组织进行事业部型管理，会在一定程度上提高社会组织的效率以及自主权。

拓展非营利组织与企业合作的方式。现在，多数社会组织是直接获得企业的资助，有的企业则通过自建志愿服务组织的方式开展服务。志愿组织应对企业的品牌形象有准确的定位，要有针对性地帮助企业进行宣传，尽可能创新和企业合作的模式，将志愿组织的活动主题和企业的形象融合在一起。

进行组织成立初期社会资本的有效动员。创立者拥有的社会关系网络的强度越大，便能发现更多的发展机会，在关系网络中获得更加丰富的资源，而且更容易同其他个体建立起彼此间的信任关系。研究也已证实，创立者社会资本水平的高低既能对其获取外部支持的能力产生影响，也会对发现组织创立机会的可能性形成一定程度的影响。创立者在组织初创阶段亟须通过各种业务交往和社会联系来获取组织运行中所需的各种资源和信息。创立者应尽可能与各交往主体保持密切的联系，积极参加正式的和非正式的交往活动，提高和各交往主体联系的频率，并不断开发更多具有异质性的社会网络。

参考文献

黄晓勇（2018）:《中国社会组织报告（2018）》，北京：社会科学文献出版社。

李正中，王富春（2015）:《社会资本在中国农村民间组织运作中的作用》，《宿州学院学报》，（04）：4-7。

刘澄诚（2012）:《广西草根公益组织的成长策略研究》，硕士学位论文，南宁：广西民族大学。

刘兴国，沈志渔，周小虎（2009）:《社会资本对创业的影响研究》，《中国科技论坛》，（06）：41-46。

罗宁（2007）:《社会资本视角下的我国城市社区民间组织发展研究》，硕士学位论文，武汉：华中师范大学。

马长山（2004）:《社会资本、民间社会组织与法治秩序》，《环球法律评论》，（03）：263-272。

宋中英（2011）:《论社会资本概念的分类及其意义》，《齐鲁学刊》，（01）：95-99。

孙莉莉（2010）:《政治结构与社会基础：中国草根志愿组织研究进展》，《求实》，（05）：58-62。

夏松（2007）:《民间组织与社会资本的运作研究》，硕士学位论文，合肥：安徽大学。

Adler, P. S. , & Kwon, S. W. （2002）. "Social Capital: Prospects for a New Concept." *Academy of Management Review*, 27 （1）: 17-40.

Gittell, R. , & Vidal, A. （1998）. *Community Organizing: Building Social Capital As a Development Strategy*. Sage Publications.

Social Capital Construction and Utilization of Grassroots Voluntary Organizations: Research on Dilemmas of Fostering and Paths

Liu Susu, Song Jie, Pan Tong

Abstract: In recent years, grassroots voluntary organizations have received attention from the government and the society because of their features as non-government and non-profit organizations, and the development prospects have become more extensive. However, the development of grassroots voluntary organizations also encounters many difficulties, such as poor professionalism, single funding channels, and long-term dilemma of professional development. Social capital can promote different dimensions in the early stage of development and in the normal stage of development of voluntary organizations. Through in-depth interviews with the founders and staff of 10 grassroots voluntary organizations in Suzhou, the study found that social capital mainly affects the creation and growth of grassroots voluntary organizations from the individual level and organizational level. The construction and effective use of social capital will help foster and develop grassroots voluntary organizations. Carrying out enterprise management, expanding the scope of government purchase of services, effectively mobilizing social capital, and enriching the way of cooperation with enterprises are the applicable paths for fostering grassroots voluntary organizations in the new era.

Keywords: Grassroots Voluntary Organizations; Social Capital Construction; Goverment's Purchase of Services

（责任编辑: 闫泽华）

案例论文

透明度会影响环保基金会捐赠收入?

——基于121家环保基金会的面板数据研究[*]

张 雪[**]

摘 要: 近年来随着民众环保意识的提高,环保基金会迅速发展。捐赠收入是环保基金会的主要收入来源,主要包括公司捐赠与公众捐赠两部分,对其发展起到重要的支持作用。透明度作为基金会信息公开的重要指标,是展现组织专业性的重要标准。但是透明度究竟会不会影响基金会的捐赠收入?至今仍然存有争论。本文以基金会中心网FTI指数作为基金会透明度评价指标,以基金会总捐赠、公司捐赠和公众捐赠为因变量,选择121家环保基金会2013~2015年的面板数据,构建动态面板模型。研究发现,透明度对基金会总捐赠和公司捐赠有显著正相关关系,对公众捐赠则无影响。结论背后隐含着公司和公众不同的捐赠动机与选择逻辑,公司在捐赠当中主要关注基金会透明度,对于公开性要求较高的公募基金会捐赠较多,因此其捐赠行为主要是"专业性导向"。而公众则主要选择原始基金较大、登记部门较高、影响力较大的基金会,是一种"认知性取向"的捐赠行为。

关键词: 透明度 环保基金会 公司捐赠 公众捐赠 FTI指数

按照2004年《基金会管理条例》,可以将基金会定义为"利用自然人、法人或者其他社会组织捐赠的财产,以从事公益事业为目的,依法成立的非营利性法人"。中国基金会起始于1981年,经过30多年的发展,截至2017年4月13日,我国现有基金会5688家,净资产近1200亿元。从1993年成立第一家环保基金会——中华环境保护基金会(China Environment Protection Foundation,CEPF),截至2017年底我国已有245家环保基金会

* 本文系国家社会科学基金重大项目"中国特色社会体制改革与社会治理创新(16ZDA077)"的部分研究成果。

** 张雪,清华大学公共管理学院2016级博士生,主要研究方向为非政府组织、社区治理。

（基金会中心网数据统计）。

随着新《环保法》的出台以及公民环保意识不断觉醒，致力于推动环境保护的环保类基金会也不断出现。2016 年《基金会管理条例》修订，为基金会的发展提供了崭新的政策空间，进一步推动了基金会规范化、有序化的发展。基金会发展的生命在于募集资金，获得捐赠。对基金会信息进行公开，提高基金会本身的透明度，从而获得相应捐助群体的信任，以便赢得更多的捐助成为基金会必要的行动逻辑。但是目前有关透明度与捐赠收入关系的研究仍然存有争论，大多数学者经过实证研究发现基金会透明度与捐赠收入具有显著的正相关关系，但是有学者通过实证检验发现透明度与捐赠收入并不具相关关系。那么透明度与捐赠收入的关系究竟如何？本文将就此问题进行探讨。

一 文献回顾

Ho（2001）认为，环保基金会作为环保组织的一种形式，于 20 世纪 90 年代兴起，并且伴随着环保主义（虽然这种环保主义是碎片化以及地方性的）的出现以及国家对社会组织的控制放松而得到迅速发展。环保组织即指以人与环境的和谐发展为宗旨，从事各类环境保护活动，为社会提供环境公益服务的非营利性社会组织。Sullivan 和 Xei（2009）认为，作为公民参与的重要组织形式，环保组织的主要贡献在于使环境问题成为更加开放的进程，在环境领域表达公民利益，交流信息和实现集体目标，成为市民社会的重要力量。虽然法律赋予了公民参与环境评估的权利，但是在实际当中环保组织很难像西方的环保组织那样获得资源，影响政府有关环保的政策议程。但是只要给予环保组织必要的资金支持，环保组织在推动公民参与环保活动、提升公民的环境意识、表达公民的环境利益、推动环境问题进入政策议程方面发挥着重要的作用，是市民社会的重要力量。

捐赠收入是环保基金会的生命所在，但是由于自身发展并不成熟，如何筹集更多的捐赠收入成为环保基金会需要考虑的重要问题。王绍光（2006）指出，非政府组织收入的来源包括捐赠收入、政府补助、商业投资和外国资助这四个主要途径，其中对于西方发达国家来说，非政府组织收入当中政府补贴占主要部分。而对于基金会而言，谢晓霞（2015）认为基金会的收入来源包括捐赠收入、会费收入、提供服务收入、政府投入收入、商品销售收入、投资收益和其他收入。在基金会的收入当中捐赠收入占总收入的比重为 70%～76%，是基金会最主要的收入来源。

Trussel 和 Parsons（2007）指出，基金会的信息透明度是指基金会向其捐赠人和社会公众提供治理、财务、项目、效率等关于组织性质与业务活动情况的信息，并对信息使用者的需求和问题积极做出回应。陈少华、李静（2006）认为，广义的透明度包括信息高质量的全部含义，它由中立性、清晰性、完整性、充分披露、实质重于形式以及可比性构成，并建立在相关性和可靠性的基础之上，透明度在非营利组织运营中尤为重要，透明度实质上就是指非营利组织披露的会计信息是否真实、完整。

Parson（2003）认为，透明度可以使潜在的捐赠者通过相关信息判断非政府组织是否有效使用资金，并且评估该组织的信用风险与收益。实验发现，如果基金会发出的潜在筹资广告中包含有关透明度的信息，那么更有可能获得捐赠，因此透明度是非政府组织获得捐赠收入的重要影响因素。Saxton 和 Guo（2011）认为，非政府组织通过信息公开透明将自身与其他组织区别开来，信息透明度成为非政府组织重要的财务报告、责任信用和治理工具。Chen-ren 等人（2010）利用"慈善组织报告指数（CHORI）"来衡量透明度，研究发现透明度与组织获得的总捐赠收入呈显著正相关关系。游春晖、厉国威等（2015）研究发现，慈善组织财务信息透明度越高，越有可能获得较高的捐赠收入，增量财务信息透明度带来了增量捐赠收入。而对于透明度与捐赠收入之间的关系，也有学者有不同的研究发现。Saxton 和 Zhuang（2013）指出，透明度与基金会捐赠收入之间存在一个"最优水平"，基金会的透明度并非越高越好，在一定限度下透明度越高捐赠水平越高，而超出这个水平则促进作用就会消失。这取决于信息接收者与基金会透明度之间的相互博弈。

那么透明度与基金会捐赠收入之间的关系为何会出现不同的表现？已有文献发现基金会的捐赠收入主要来自公司和公众两部分，而公司和公众受不同的捐赠动机的影响。方军雄（2011）认为，公司捐赠与否和捐赠力度与公司盈利状况正相关，其中消费者口碑敏感型行业公司和高毛利率公司捐赠金额更大，这表明公司捐赠更多地体现了价值提升的理性动机。侯俊东和杜兰英（2011）认为，影响个人捐赠行为决策的感知特性有两个层面，即对非营利组织的品牌个性、形象及意识的感知，以及对公益事项效用、重要性、可参与性、可接近性及与价值观一致性的感知。因此公司与公众对于透明度的态度也不同。Keating 和 Frumkin（2003）研究发现，机构捐赠者、政府和公司在进行捐赠之前会研究基金会的财务报表，以此来决定是否向该基金会捐赠。Gordon，Khumawala（1999）通过研究发现，由于专业性问题，许多个人捐助者在捐助决策之前并不会关心慈善组织的财务报表。Ribar 和 Wilhelm（2002）认为，捐赠者在捐赠时更多的是出于"馈赠的动机"（Joy-of-Giving Motivations），一种乐于助人的情感，并不关心对捐赠对象的信息公开程度。

通过文献综述可以发现，第一，透明度对基金会捐赠收入实际影响究竟如何，还有很大的讨论余地。虽然在已有文献当中存在对于公司或者公众捐赠收入的分开探讨，但是缺少对于两者的比较研究。第二，目前的文献也缺少对公司和公众捐赠行为动机的概括性解释与探究。透明度与公司和公众作为不同的捐助主体之间的关系究竟如何？这个问题的探究对于完善相关的捐赠政策，推动不同主体积极有效地捐赠具有非常重要的意义。而环保基金会作为近年来兴起的基金会，成为基金会当中重要的新鲜力量，成为企业和公众捐赠的热点对象。本文以环保基金会为例，将环保基金会捐赠收入具体划分为公司捐赠与公众捐赠，分别探究透明度对其的影响。

二 研究设计

（一）研究假设

1. 捐赠收入

我国基金会收入来源主要包括七种，即捐赠收入、政府补助、投资收益、会费收入、提供服务收入、商品销售收入和其他收入。其中捐赠收入是基金会的最主要来源，占基金会收入的绝大部分。根据基金会中心网的统计，截至 2015 年，基金会获得捐赠收入 378.2 亿元，占基金会所有收入的 83.54%（基金会中心网数据）。而捐赠收入具体又包含公司捐赠和公众捐赠两部分。因此本文选取 121 家环保基金会的 2013~2015 年总捐赠的自然对数、公司捐赠的自然对数和公众捐赠的自然对数作为因变量。

2. 基金会透明度

本文选择基金会中心网发布的 FTI 指数作为具体指标衡量基金会透明度。2010 年 7 月中国基金会中心网（CFC）上线，基金会中心网致力于基金会数据采集和数据处理，数据来源主要是各基金会官方网站和各级民管机构，内容摘自基金会年报、审计报告、项目报告和机构动态等。FTI 指数是由基金会中心网设计开发的，从基本信息、财务信息、项目信息和捐赠信息四个维度对基金会的信息披露情况进行评分，具有一定的权威性和科学性。目前，中基透明指数已被社会广泛接受和使用，显著提升了中国公益基金会的信息公开意识和透明度。指数本身也结合每年新颁布的法律条文以及实践中的反馈不断升级完善，由 60 个指标缩减为 41 个，分数也由129.4 分压缩到 100 分。据了解，截至 2017 年 4 月 13 日，全国共 4227 家公益基金会加入 FTI 中，其中满分基金会数量达到 191 家，全国公益基金会FTI 平均分为 48.28 分。正是基于 FTI 指数的权威性与及时性，本文以 FTI得分为信息公开的重要指标，以各家环保基金会 FTI 指数的自然对数为自变量。

基金会透明度主要包括基金会基本信息、财务信息、项目信息和捐赠信息等的公开，是捐赠者进行捐赠的重要参考信息。但是不同类型的捐赠者在进行捐赠决策的时候动机不同。公司作为一个营利性法人团体，即使在捐赠行为当中也会关注被捐赠者的管理效率、管理能力和管理信誉，因此基金会透明度成为其重要的参考信息，直接影响其捐赠决策。而公众在进行捐赠时，往往是基于个人慈善动机，由于专业能力所限，对于被捐助者的具体管理情况的了解并不多。因此基于以上考虑，提出本文的研究假设：

H1，透明度与环保基金会捐助总收入正相关，即环保基金会透明度越高，基金会获得的总的捐赠收入越高；

H2，透明度与公司捐赠正相关，即环保基金会透明度越高，获得的公司捐赠越多；

H3，透明度与公众捐赠没有相关性。

3. 控制变量

成立年限。组织成立的时间越久，可能组织的声誉越好，就会吸引越多的捐款。但是 Okten 和 Weisbrod（2000）研究发现，随着 NGO 组织成立时间变长，其关注的议题可能并不再重要，因此不能吸引更多的捐助者，而较年轻的组织由于其关注的议题较新，反而会得到更多的捐助。

基金会类型。我国基金会分为公募基金会和非公募基金会。公募基金会可以向社会公开募集慈善资金，筹资范围广；而非公募基金会则属于独立基金型基金会，其慈善收入主要来源于特定组织和个人的持续捐款、自有资金的运作增值以及发起人自身的捐助。不同类型的基金会与透明度的关系不尽相同。刘志明（2014）研究发现，公募基金会的透明度对组织捐赠收入具有显著的正向影响，而非公募基金会这种关系并不显著。

组织规模。组织规模可以反映基金会完成使命、获得捐赠的能力，是衡量基金会发展的重要指标。基金会原始资金反映了基金会成立时的规模情况，其原始资金越大，说明该基金会的实力越强。一般认为基金会原始资金规模越大，组织获得的捐赠收入越多。

组织登记部门。登记部门的级别反映组织的性质与影响力，基金会登记部门主要有民政部、省级民政局和市级民政局三个层次。登记部门级别越高，反映该基金会级别越高，影响范围越广泛，被社会认可度越高，因此获得捐赠的能力越强。

同时，上一年的捐赠收入会对下一年的收入产生影响。基金会的捐赠收入一般来说较稳定，每家基金会的年收入会在一定范围内波动，上一年的收入对下一年的收入有极大的示范作用，对下一年的收入有直接的正向影响。本文在模型中加入捐赠收入的滞后一阶，取上年捐赠收入的自然对数，构成动态的面板数据。综合以上分析，具体的变量名称与说明参见表1，同时构建出本文的计量公式为：

$$Ln(Donation)_{i,t} = \beta_0 + \beta_1 Ln(FTI)_{i,t} + \beta_2 Ln(Fund)_{i,t} + \beta_3 Age +$$
$$\beta_4 Type + \beta_5 Rigister + \beta_6 Donation_{i,t-1} + \varepsilon$$

表 1　变量名称与说明

变量类型	变量名称	变量说明
因变量	总捐赠（Total donation） 公司捐赠（Company donation） 公众捐赠（Public donation）	当年基金会捐赠收入的自然对数 当年基金会公司捐赠收入的自然对数 当年基金会公众捐赠收入的自然对数
自变量	透明度（FTI）	对基金会中心网 FTI 指数取自然对数
控制变量	组织规模（Fund） 成立年限（Age） 基金会类型（Type） 登记部门（Register） 上一年的捐赠收入（Donation$_{t-1}$）	基金会原始资金取自然对数 基金会成立年限 公募为1，非公募为0 市级民政局为1；省级民政局为2；民政部为3 上一年基金会捐赠收入的自然对数

（二）数据来源

本文主要关注环保基金会的收入情况，环保基金会是以环境保护为主要工作内容的基金会。截至 2017 年，基金会中心网注册的环保基金会共有 245 家。但是由于统计结果的滞后性，因此 2016 年之后成立的基金会并无统计数据，为保证样本数量，因此选择 121 家 2012 年之前成立的环保基金会的 2013~2015 年的统计数据（基金会统计数据更新至 2015 年），作为面板数据进行统计。数据来源为基金会中心网，数据采用手工搜集整理的方式获取。

三 检验结果与分析

（一）描述性统计

通过表 2 主要变量的描述性统计可以发现，环保基金会的 FTI 的平均分为 58.77931，比全国公益基金会 FTI 平均分（48.28 分）高，说明环保基金会目前行业的透明度较高。环保基金会平均年限是 9.446281 年，环保基金会大多处于发展初期，相比较其他类型的基金会而言发展较晚。环保基金会类型的均值为 0.3801653，说明以非公募基金会为主，环保基金会登记均值为 2.090909，说明大多数环保基金会登记为省级组织。

表 2 主要变量描述性统计

变量名称	N	均值	最小值	最大值	标准差
Ln（Total donation）	289	15.11982	7.003066	21.14223	2.20304
Ln（Company donation）	231	15.09547	4.60517	19.96824	2.352121
Ln（Public donation）	193	12.6829	−1.049822	21.15114	2.74009
FTI	363	58.77931	2.4	100	27.06529
Ln（FTI）	363	3.867521	0.8754687	4.60517	0.8160258
Ln（Fund）	363	15.5309	14.50866	20.03012	1.21265
Age	363	9.446281	3	32	5.60872
Type	363	0.3801653	0	1	0.4860973
Register	363	2.090909	1	3	0.464187

续表

变量名称	N	均值	最小值	最大值	标准差
Ln（Cdonation）$_{t-1}$	158	15.12376	9.232133	19.55366	2.159361
Ln（Pdonation）$_{t-1}$	128	12.58668	6.907755	17.38072	2.327317
Ln（Tdonation）$_{t-1}$	195	15.11055	9.425613	19.57741	2.034991

（二）回归结果分析

表3　各模型回归估计结果

	模型1：company donation	模型2：public donation	模型3：total donation
Constant	-4.185635 (3.036882)	1.807381 (4.17063)	-5.86311 *** (1.858308)
Ln（Donation）$_{t-1}$	0.578649 *** (0.1076518)	0.714781 * (0.1084819)	0.7307899 *** (0.0772503)
Ln（FTI）	1.299898 *** (0.5356171)	-0.5706866 (0.8458365)	1.387943 *** (0.3354239)
Ln（Fund）	0.2970421 (0.1866631)	0.2802526 * (0.2564673)	0.3086858 (0.1228292)
Age	0.0133708 (0.0389161)	0.0173324 (0.0471544)	0.0235015 * (0.0237176)
Type	0.6852362 * (0.4289566)	0.7049729 (0.5330389)	0.3058793 (0.2571565)
Register	0.2305199 (0.5259185)	1982467 * (0.6335315)	0.3626427 (0.3320628)
N	124	107	171
R^2	0.5910	0.6016	0.7911

注：***、**、*分别表示在1%、5%、10%统计意义上显著。

如表3所示，从模型1可见，透明度在1%的水平上与基金会获得的公司捐赠显著相关，并且呈现正向关系，假设2得到验证。同时基金会类型与公司捐赠呈现显著正相关，说明公司愿意捐赠公募基金会。公司捐赠的滞后一阶与公司捐赠呈显著正相关，说明上一年公司对某个基金会的捐赠会影响到下一年该公司对这个基金会的捐赠。模型 2 当中，透明度与基金会获得的公众捐赠无相关性，假设 3 得到验证。说明公众在做出捐赠行为时对透明度的考虑不多。基金会的原始资金与公众捐赠呈正相关关系，说明基金会的规模会影响到公众对该基金会的捐助。登记部门与公众捐赠呈正相关关系，说明公众会选择更有影响力的基金会捐赠。同时，上一年公众的捐赠也会显著影响下一年公众的捐赠行为。在模型 3 当中，透明度在 1% 的水平上与总捐赠显著相关，并且呈现正向关系，假设 1 得到验证。同时基金会成立年限也与总捐赠显著正相关，说明基金会成立年限越长，获得的捐赠总收入越高。捐赠总收入的滞后一阶与捐赠总收入呈显著正相关，说明基金会上一年获得的总收入将影响下一年获得的总收入。

四　研究结论

本文通过选取 121 家环保基金会在 2013～2015 年的面板数据，构建动态的面板分析模型，研究发现环保基金会上一年捐助对基金会捐赠显著正相关，环保基金会成立年限与基金会总捐赠显著正相关，环保基金会类型与公司捐赠正相关，环保基金会登记部门与公众捐赠正相关。而基金会的透明度对于环保基金会捐赠总收入与公司捐赠呈现显著正相关关系，而对于公众捐赠则无影响。如何解释这种现象？

首先，这种现象背后隐含着不同捐赠主体的不同捐赠动机。游春晖、厉国威（2015）认为，捐赠主体的捐赠动机一般可以分为三种，即道德化捐赠、市场化捐赠和其他捐赠。道德化捐赠中捐赠人期望获得捐赠安慰，市场化捐赠中捐赠人期望改善其形象、提高声誉，而其他捐赠中捐赠人期望获得一定的激励。公司捐赠动机大多是基于一种市场化捐赠动机，希望获得更好的社会影响，提高声誉从而有利于企业的发展。而公众捐赠则主要出于一种道德性的动机，捐赠主要是基于对基金会的一种组织认同，并且想从捐赠当中获得个人的心理满足感。

其次，正是基于不同的捐助动机，因此不同的捐助者对基金会的信任会有不同的选择偏向，公司本身作为具有专业化运营能力的营利性主体，在进行捐赠选择时，出于市场化动机考虑主要关注基金会透明度，对于公开性要求较高的公募基金会捐赠较多，因此其捐赠行为主要体现为一种

"专业性导向"的捐赠选择。而基金会年报、数据等公示信息的时间成本与专业性的要求，都会对公众捐赠关注透明度形成一定的专业排斥。同时公众在进行捐赠选择时，主要关注原始资金较大、登记部门较高、影响力较大的基金会，说明公众在做出捐赠行为时，出于道德化捐赠的动机，主要关注自己对于基金会的主观认知情况，是一种"认知性取向"的捐赠行为。

通过本文研究，可以对目前的基金会捐赠政策提出以下相应建议。首先，推动《慈善法》的落实，为环保基金会的发展提供良好的政策环境。《慈善法》的出台，通过对"慈善组织"的重新界定，明确其在社会发展当中的重要地位，政府通过各种购买服务政策切实推动社会组织的发展。胡敏洁（2016）指出，《慈善法》当中有一系列政府促进措施保障慈善事业的发展，税收优惠、费用减免等促进措施推动人们把财富投入公益事业，加速积累公益资源。国家还建立慈善表彰制度，对在慈善事业发展中作出突出贡献的自然人、法人和其他组织，予以行政表彰。其次，完善信息透明度建设制度。目前我国基金会透明度建设仍然存在很多问题，例如基金会年报、季报、财务报表不详尽，非专业，捐赠收入不公布，基金会支出不公开等。原因主要在于基金会自愿公开动机较弱，我国对基金会的外在监管制度不完善。因此程昔武、纪纲（2008）指出，我国需要构建以非营利组织自身为主体的自愿信息披露，以政府为监管主体的强制信息披露以及发挥中介机构作用的补充信息披露机制相结合的全面的信息披露机制。最后，在鼓励公司捐赠方面，一是要提升本公司的治理绩效，公司本身的经营业绩将直接影响公司对外捐赠的资源约束水平，二是公司作为理性的行为主体应该意识到慈善捐赠对于塑造企业品牌的主要作用，主动承担起企业的社会责任。在捐赠对象选择当中虽然要以"专业性"为导向，但是应该兼顾当下社会议题与基金会发展使命，支持小微型基金会的孵化与发展。而在鼓励公众捐赠方面，侯俊东、杜兰英（2011）认为非营利组织必须采取有针对性的营销手段来提高这一捐赠群体对该组织及其公益事业的良好感知。公众在进行捐赠对象选择时，应该学习相关慈善捐赠知识，不能仅仅依赖于个人"认知性"取向，从而推动整个慈善事业的专业化发展。

当然本文的相关讨论仅仅局限在环境基金会领域，不排除其他类型的基金会有不同的表现。同时由于环保基金会发展较晚，数据较少，因此可能会影响到最终结论。但是公司与公民作为不同的捐赠主体，其捐赠行为的逻辑区分与探究将是非常重要的研究主题，而与此相关的慈善事业的

"专业化"与"公益化"的平衡发展也是至关重要的讨论话题。

参考文献

陈少华，李静（2006）：《非营利组织会计信息供求解读》，《财经问题研究》，（3）：75-80。

程昔武，纪纲（2008）：《非营利组织信息披露机制：一个理论框架》，《财贸研究》，19（4）：111-117。

方军雄（2011）：《公司捐赠与经济理性——汶川地震后中国上市公司捐赠行为的再检验》，《会计与经济研究》，25（1）：17-26。

侯俊东，杜兰英（2011）：《影响个人捐赠决策的感知特性及其维度结构——基于中国的实证经验》，《公共管理学报》，08（2）：109-118。

胡敏洁（2016）：《〈慈善法〉中的政府促进措施：支持抑或管理?》，《江淮论坛》，278（4）：16-20。

刘志明（2014）：《中国非营利组织筹款能力影响因素研究——基于中国基金会的实证分析》，《南京财经大学学报》，（5）：1-7。

谢晓霞（2018）：《中国慈善基金会的管理效率研究》，《中国行政管理》，（10），74-79。

游春晖，厉国威等（2015）：《慈善组织财务信息透明度、筹资类型与筹资效果》，《财经论丛（浙江财经大学学报）》，194（5）：58-66。

Chen-Ren, Li, Yue-Jin et al. (2010). "The Causes and Consequences of Internal Control Problems in Nonprofit Organizations." *Accounting Review*, 86（1）：325-357.

Gordon, Teresa P., Khumawala, Saleha B. (1999). "The Demand for Not-for-Profit Financial Statements: A Model of Individual Giving." *Journal of Accounting Literature*, 18：31-56.

Ho, P. (2001) "Greening without conflict? Environmentalism, NGOs and Civil Society in China." *Development and Change*, 32（5）：893-921.

Keating E. K., Frumkin P. (2003). "Reengineering Nonprofit Financial Accountability: toward A More Reliable Foundation for Regulation." *Public Administration Review*, 63（1）：3-15.

Okten C., Weisbrod B. A. (2000). "Determinants of Donations in Private Nonprofit Markets." *Journal of Public Economics*, 75（2）：255-272.

Parsons, L. M. (2003). "Is Accounting Information from Nonprofit Organizations Useful to Donors? A Review of Charitable Giving and Value-Relevance." *Journal of Accounting Literature*, 22：104-129.

Ribar, David C., Mark, O. Wilhelm (2002). "Altruistic and Joy-of-Giving Motivations in Charitable Behavior." *Journal of Political Economy*, 110 (2): 425-457.

Saxton G. D., Zhuang, Jun (2013). "A Game-Theoretic Model of Disclosure—Donation Interactions in the Market for Charitable Contributions." *Journal of Applied Communication Research*, 41 (1): 40-63.

Saxton, G. D., Guo C. (2011). "Accountability Online: Understanding the Web-Based Accountability Practices of Nonprofit Organizations." *Nonprofit & Voluntary Sector Quarterly*, 40 (2): 270-295.

Sullivan, J., Xie, L. (2009). "Environmental Activism, Social Networks and the Internet." *The China Quarterly*, 198 (198): 422-432.

Trussel J. M., Parsons, L. M. (2007). "Financial Reporting Factors Affecting Donations to Charitable Organizations." *Advances in Accounting Incorporating Advances in International Accounting*, 23: 263-285.

Wang, S. (2006). "Money and Autonomy: Patterns of Civil Society Finance and Their Implications." *Studies in Comparative International Development*, 40 (4): 3-29.

Will the Transparency Affect the Donation of the Environmental Foundations? —A Research Based on the Panel Data of 121 Environmental Foundations

Zhang Xue

Abstract: With the improvement of environmental awareness in recent years, environmental foundations have developed rapidly. The donations which mainly include the donation of the company and the public donation, are the main source of income for the environmental foundation and plays an important role in supporting its development. Transparency, as an important indicator of foundation information disclosure, is an important criterion to show organizational professionalism. But will transparency affect the endowment? There is still debating. In this paper, we use FTI index from China Foundation Center as the evaluating indicator of transparency in foundation, use total donation, company donations, and the public donations as the dependent variable, select 121 environmental foundations data from 2013-2015 to build dynamic panel model. The study has found that transparency has a significant positive correlation between the total donations and the the company donations, without any impact on public donations. Conclusion shows that the different motives and choice logic between the company and public donations: the company focuses on the transparency of foundation and donates more to the public-raising foundation which requires higher openness, so the donation behavior is mainly called "professional guided". However, the public mainly chooses the larger original fund, the higher registered department, the more influential foundation, which is a kind of "cognitive guided" donation behavior.

Keywords: Transparency; Environmental Foundation; Company Donation; Public Donation; FTI Index

（责任编辑：林顺浩）

"态度-行动"转化：中国民众环保捐款的影响因素

张婧雯[*]

摘　要： 传统慈善捐款研究往往将捐款行为视为研究终点，本文通过对 CGSS 2013 数据进行主成分分析和 logistics 回归，结果显示环保捐款倚赖于将环保态度转变为环保行动。在这一过程中，中央政府的环保绩效对环保捐款有挤出效应，"与周围人关系紧密"或"与大众保持一致"增加了群体对个体行为的影响，这一影响会降低环保态度转变为环保行动的可能性，进而降低了环保捐款的可能性。收入、受教育程度则会提高环保捐款的可能性。对态度转化为行动的过程的研究，将能够更有针对性地提升民众环保行动。

关键词： 公益慈善　环保　捐款

一　捐赠动机：个体效用与社会效用

（一）捐款的个人效用动机：收益与成本

从经济学的视角来看，捐赠作为一种经济行为，行为人综合考虑捐赠成本和收入等约束条件，并最大化个人效用，即最后一单位捐款的个人效用等于最后一单位捐款付出的成本。其中捐赠的成本和价格主要指捐赠时所缴税率，捐赠的效用包括个人利他主义的满足、公共利益的提升等。研究中发现，税率的影响是长期明显，短期有限的，如捐款税率有一定上升，人们往往对这一变化并不敏感，要经过较长一段时间，捐款数额才能表现出相应下降。不难理解的是，人们对个人收入变化是较为敏感的，收入下降时捐赠数额也马上会有相应下降。已有研究中大量表明收入和财富对捐

---

* 张婧雯，清华大学公共管理学院博士研究生。

赠行为的影响。20世纪80~90年代的很多研究表明了捐赠和收入之间存在 U形关系，但波士顿大学的研究表明这些研究所统计的人群范围有限，仅仅包括了捐款的家庭而非个人，并且在这其中遗漏了高收入人群。他们的研究表明，随着收入和财富的增加，参加慈善捐款的人的比例也在增加，也就是说，高收入人群中有更大比例的人来捐款，虽然这一绝对数字可能是小于中等收入人群的，对U形曲线批评也来源于此，因为忽略了低收入人群中的绝大部分人是不捐款的，这些人没有被统计在内（Powell & Steinberg，2006）。

进一步来说，通过计算弹性可以更加精准地测量捐赠额对税率和收入的敏感程度。多数研究估测的结果税率弹性为-0.5至-1.75，收入弹性为0.4至0.8。在很多研究使用的数据中，捐款人都是以家庭为单位，这使性别因素难以突出，因为家庭捐款数额往往是夫妻双方共同协商得出的。故而有研究通过实验法，控制了其他复杂的变量后衡量性别对捐款额的影响，结论是在捐赠成本发生变化时，性别会对捐赠额有不同影响。当捐赠成本较低时，男性更慷慨；当捐赠成本上升到较高时，女性更为慷慨。除了税收成本外，成本还包括行为成本，这一概念的内涵则更为宽泛。但对男性和女性到底谁更慷慨仍然没有确定结论，Powell和Steinberg（2006）的数据显示，男女捐款行为次数上并没有明显区分，但男性平均捐款数额高于女性，但这也是因为男性收入高于女性。随着男性女性工资差异降低、女性拥有财富的上升，男性女性捐款额的差异也会随之减少。为了避免性别刻板印象带来的研究误差，多因素分析考虑了婚姻状况、年龄、受教育程度、研究方法等要素，结论是单身女性比单身男性平均多捐赠330美元（Powell & Steinberg，2006）。

既然收入和财富是影响捐赠至关重要的因素，那么继承的财产又是如何影响捐赠的呢？目前很多研究关注遗产是如何在继承人、遗产税、慈善之间分布的，那么继承人得到遗产后，会因为这些钱是得来的遗产更愿意捐赠吗？Survey of Consumer Finances的数据显示，只有约20%的家庭得到遗产，而且遗产继承人往往是发生在富裕家庭中。有7%的家庭年度净收益在100万美元以上，这些家庭能够有遗产继承的可能性是年收入100万美元以下家庭的2倍以上。得到遗产的家庭的确比没得到遗产的家庭捐了更多的钱，前者的捐赠金额是后者的将近2倍，但这的确是因为其家庭自身处在极富裕阶层，这些家庭的年收入是无财产继承家庭的2倍左右。对比继承财富和挣得财富的边际捐款倾向，我们发现，人们更愿意捐出自己挣的钱而不是继承的钱，这可能反映出财务安全对捐赠倾向的影响。人们在规避财务风险时，总是会遵循"不要把鸡蛋放在同一个篮子里"的信条，2001 年，57.5%的受访家庭表示他们担心未来的财务状况，他们比不担心自己财务安全的家庭平均要少捐 1149 美元。即使是对于年收益超过 500 万美元的家庭，财务安全也是他们捐赠的重要心理要素。在一些个人变量的研究中，年龄从 21 岁增长至 64 岁，捐款额占收入的比重从 1.7%增长至 2.8%，但在 65 岁后捐款额所占收入比例有所下降。已婚人士更多地参加捐赠活动。受教育程度高通常也会促进捐赠行为，即使控制了收入这一变量，受教育程度也依旧发挥着举足轻重的作用（Powell & Steinberg，2006）。

据此，本文提出以下假设：

H1：收入越高，环保捐款的可能性就越大，并同时检验收入的 U 形效应。

H2：受教育程度越高，环保捐款的可能性就越大。

（二）捐款的公共福利动机

向慈善组织捐款正是期望于公共服务水平的提高，其动机可具体化为慈善意识、慈善消费偏好和非物质收益（蔡燕青，2011）。因为慈善捐款作为一种公共物品具有非排他性，如果捐赠人无法切实体验到慈善带来的收益，那么就会有强烈的动机"搭便车"。公共收益包括预期得到被捐赠组织的服务，或者明确被捐赠组织所提供的服务，比如 UNICEF 会明确 17 美元、40 美元可以分别给贫困地区孩子带来什么样的改变；就私人利益而言，个人声望、成为慈善组织的会员都包含在内。已有研究发现，感谢信、公开的捐赠人感谢名单都对鼓励慈善起到了积极作用。

更高的当期收入和预期收入都会增加捐赠额，所以失业的人捐赠额自然会更少，但是，就捐赠额占家庭收入的比重来看，Powell 和 Steinberg 的数据表明，失业人员所在家庭捐赠额占家庭收入的比重反倒会更高。对这一现象有两种解释。一是失业人员所在家庭短期内收入下降，可如果捐赠额没有随之立刻下降，那么表现在捐赠额占家庭收入的比重也不会下降太多，而且比在就业时的比重还高（Powell & Steinberg，2006）。二是这一数据将退休人员视为失业者，他们的捐赠额是比较高的，也拉高了失业人员所在家庭捐赠额占家庭收入的比重。而失业带来的捐款额下降不仅仅是收入下降直接带来的。Arthur 的论文指出，由于失业后的福利保障减弱了捐赠的动机，所以可以进一步推断的就是捐赠的动机来自对预期公共福利的期待，人们捐款不仅仅是为了满足利他主义的心理，更是希望有一天这些付出可以通过公共福利的方式返还给自己。相应的，当公共服务的提升空间变少时，个体便缺乏为公共福利捐赠的动机，据此本文提出假设：

H3：现有公共服务提供水平的提高会降低民众捐款意愿。

除了将捐赠看作一种经济行为，考察其成本和收益之外，捐赠同样也是一种社会行为，故而一些社会性的变量也会影响捐赠行为。在美国的研究中，宗教、种族尤其被关注。在对 Giving and Volunteering in the U. S. 的分析中，除了提倡捐赠的教义，宗教团体和宗教活动参与也被认为能够促进捐赠行为。在群体带动方面，同属志愿者群体会带动捐赠行为，既带来更高的捐款额，也促进更多人参与慈善活动。和其他对于美国的研究一样，这类研究中也关注了移民情况的影响。数据表明，家庭成员中如果有至少 1个美国人，捐款的可能性将会是移民家庭的 2 倍，捐款额也高出近 60%，并且这一差异远远不是收入差异所能解释的，因为非移民与移民家庭的平均收入差距很小。对这一差异的解释有以下几种。一是新移民融入美国社会需要一个过程，捐款团体的带动作用在前面也探讨过了，与新社区新环境的民众不熟悉则会降低新移民的捐款意愿；二是移民原来的社会环境，比如欧洲这类高福利社会使新移民缺乏对公共事业贡献个人财富的习惯；三是在很多移民原有的环境中，关于捐赠或礼物通常是人对人的直接赠予，美国这类间接赠予的文化习惯在其他社会中也并不是普遍的。不过，随着移民群体逐渐融入美国社会，他们也逐渐接受了美国的捐赠文化。在 Latino National Political Survey & Independent Sector 的研究中，在控制了移民原国籍、收入、受教育程度等变量后，墨西哥裔和英国裔的捐赠行为没有明显差别，并且捐赠习惯在一代内就可以形成，区别在于移民家庭更乐于参与一些非正式的慈善活动（Powell & Steinberg，2006）。具体到中国社会的语境中，不同族群的融入影响往往会让位于已有差序格局内成员的相互影响，决策行为往往是受到周围环境的影响，并不是在一个完全孤立的环境中做出个人收益最大化的理性选择，据此本文提出假设：

H4：和大众观点越一致，和亲朋交往越密切，环保捐款的可能性就越一致。

二 基于 CGSS 2013 的实证分析

（一）研究设计与数据处理

本文选取了中国综合社会调查（Chinese General Social Survey, CGSS）2013 年为数据来源，这一系列调查具有全国性、综合性的特点，数据质量高。本文以"环境保护"相关题目（原问卷中 B22 题）为核心，以"B2205 项为环保组织捐款"为因变量，使用二元 Logistic 模型，探索影响环保类捐款的因素。在数据处理方面，将"偶尔"和"经常"为环境保护捐款合并为"为环境保护捐款"，赋值为 1，将"从不为环境保护捐款"赋值为 0。这一处理不仅是为了更好地满足二元 Logistic 回归模型的需求，更是因为这样处理后捐款的人数为 2017 个，不捐款的人数为 9389 个，如果不进行合并，则在"偶尔"和"经常"两个分类上的案例都过少，不足以与不捐款人数进行有效的比较。

本文选取的捐款行为专指为环保捐款，所以环保意识是重要的影响因素，以下 9 题（除第 5 题为环保组织捐款外）涵盖了环保意识、行为的方方面面，因为以上选项都具有高度相关性，直接纳入回归模型会有极强的共线性，影响模型的解释力，故使用主成分分析，经比较旋转前后的累计提取平方和，采用不经旋转的主成分分析法，提取出 2 个主成分，保留 9 个选项信息的同时，解决共线性问题。之所以能够将这几类题目做主成分分析，在于这 9 道题目所涉及的是一个大主题下的多个小主题，故而既涵盖了共同信息，又是共同信息的不同方面。累计提取的平方和为 52.297%，提取出 2 个主成分，主成分分析结果见表 1。

表 1　主成分分析成分矩阵

	主成分 1	主成分 2
1. 垃圾分类投放	0.576	0.226
2. 与自己的亲戚朋友讨论环保问题	0.631	0.231
3. 采购日常用品时自己带购物篮或购物袋	0.462	0.619
4. 对塑料包装袋进行重复利用	0.396	0.640
6. 主动关注广播、电视和报刊中报道的环境问题和环保信息	0.661	0.119

	主成分 1	主成分 2
7. 积极参加政府和单位组织的环境宣传教育活动	0.751	−0.245
8. 积极参加民间环保团体举办的环保活动	0.742	−0.347
9. 自费养护树林或绿地	0.511	−0.406
10. 积极参加要求解决环境问题的投诉、上诉	0.613	−0.401

（二）数据分析与结果解释

从成分矩阵可以看出，主成分 1 可以被概括为"环保意识"，是认知类变量，主成分 2 可以被概括为"无意愿从事环保活动"，是行动类变量。本文根据前文假设选取变量，并结合中国社会客观情况，最后选取与因变量相关度高，尽可能与其他自变量相关度低的变量。此外，本研究期望借影响公众环保类捐款的因素，并对其做出解释，故而在 logistics 回归时选择"进入"，让变量依次进入方程，保持理论的开放性并选取具有解释力的变量。

在选取控制变量方面，不仅是因为性别是基本的人口变量，更是因为已有文献表明不同性别在捐款态度上通常有明显差别。此外，根据中国具体国情，还选取了"单位或公司类型"以及"入党意愿"作为控制变量，"单位或公司类型"这一变量包括的选项有"党政机关""企业""事业单位""社会团体，居/村委会""无单位/自雇（包括个体户）""军队"。不同的单位或公司类型会对员工捐款与否造成不同影响，突出表现为党政机关等体制内部门通常都会有组织地进行集体捐款活动，并将其视为一项政治任务。此外，近些年随着企业对自身声誉提高的要求，企业也会有组织地进行捐款。但体制内外选择捐赠的对象和策略均是有所不同的，故而在虚拟变量中将党政机关与事业单位赋值为 1，其余为 0。有无入党意愿与此类似，仍旧试图区分"政治化"和"非政治化"的人群。

表 2　回归结果

自变量	回归系数
环保意识	0.330***
无意愿从事环保活动	−0.113***

续表

自变量	回归系数
中央的环保工作成效	-0.049 **
个人收入对数	0.083 ***
与大众观点一致程度自评	-0.095 *
与亲朋交往密切程度	-0.178 ***
住房面积	-0.002 ***
受教育程度	0.050 ***

控制变量	回归系数
性别	0.050
单位或公司类型	-0.050
入党意愿	-0.064

在模型整体拟合度方面，在 OLS 回归方程中，R^2 通常都能够很好地衡量方程整体拟合度，adjusted R^2 越大意味着模型解释力越好，F 检验的显著性水平也反映了方程整体的显著性水平。但已有研究成果表明，因 logistics 回归中二元因变量的特殊性，故而有多种衡量模型整体拟合度的指标。就 R^2 而言，因大样本较容易显著，故而通常需要 $R^2 \geqq 0.005$，本模型的 Nagelkerke R^2 为 0.103，预测百分比为 79.5%，可以认为模型整体拟合程度较好。

从回归模型来看，主成分分析得出的 2 个主成分都具有很好的解释力。主成分 1 的内容为"环保意识"，对环保捐款有显著的正向影响，回归系数为 0.330，表明在其他条件不变的情况下，环保意识每上升一个单位，环保捐款的可能性就上升 1.39 倍，这一点是符合直觉的。现在我们重新来回顾下主成分 1 的组成，可以看出其中体现了环保态度（第 1~4 题、第 6 题）和环保行动（第 7~10 题），并且态度和行动两方面在主成分 1 的得分均为正，也就是说，主成分 1 可以认为是既有环保态度，又有环保行动；与之相对应的，从主成分 2 "无意愿从事环保活动"的得分可以看出，环保态度（第 1~4 题、第 6 题）对主成分 2 的贡献为正，环保行动（第 7~10 题）在主成分 2 中的得分为负，也就是说，主成分 2 可以认为是只有环保态度，未能转化为环保行动。这在回归结果中也有所体现，主成分2"无意愿从事环保活动"的回归系数为-0.113，表明在其他条件不变的情况下，主成分2"无意愿从事环保活动"每上升一个单位，环保捐款的可能性就下降1.12倍，这反映出我国民众已具有基本的环保意识，但还未能充分转化为环保行动，环保捐款恰恰就是环保行动中较为典型的一种。

在其他具有正向效应的变量中，个人收入对数这一变量求取了个人年度总收入的对数，这一点与以往文献一致，收入越高，环保捐款的可能性就越大。本文还考虑了收入平方的对数，以此检测收入是否具有"倒U形"影响，也即收入增长到一定程度是否会阻碍环保捐款的行为，但结果显示系数不显著，所以可以认为，收入增长与环保捐款存在正向关系。受教育程度也对环保捐款有显著正向影响，可以认为受教育程度越高，越能够将环保意识转化为环保行动。住房面积与受教育程度的效应类似，同样也是反映个人阶层状况，并且也呈正向。

"与大众观点一致程度自评"这一题目的选项逐次为"非常少""比较少""一般""比较多""非常多"，"与亲朋交往密切程度"这一题目的选项逐次为"非常不密切""不密切""一般""密切""非常密切"。选取这两道题目的依据在于，如果控制了职业类型，那么其他影响因素将是较具有个人化的，而决策行为往往是受到周围环境的影响，并不是在一个完全孤立的环境中做出个人收益最大化的理性选择，所以这两道题目旨在考察个体受他人影响下的环保捐款行为。可以看出，两个选项都表现出负向影响，也即和大众观点越一致，和亲朋交往越密切，环保捐款的可能性就越低。说明在一定范围内，民众将环保态度转化为环保行动的意识还较为淡薄，并且这一影响具有扩散效应，能够显著地影响到周围人。

最后，中央的环保工作成效对环保捐款也具有负向效应，这一问题的选项依次为"片面注重经济发展，忽视了环境保护工作""重视不够，环保投入不足""虽尽了努力，但效果不佳""尽了很大努力，有一定成效""取得了很大的成绩"。需要说明的是，此选项同时包含了中央对环保工作的重视、努力与成效三方面信息，即中央环保工作释放的信号和成效两类内容，其中成效为定序排列，由假设可知，本文关注的是公共服务实际提供水平与捐款的关系，故而直接采用此定序变量。值得一提的是，地方环保工作成效对环保捐款的影响不显著，并且因为与中央环保工作成效有较强的共线性，所以没有纳入回归模型。因此我们发现，民众对中央环保工作成效的评价越高，就越会阻碍他们将环保态度转化为环保行动，并阻碍民众进行环保捐款，至此我们验证了公共政策对于个体行为的挤出效应，也即民众认为自己不需要捐款。这一点从地方政府环保工作成效影响不显著也能得到某种程度的验证。

因为本文所探讨的是影响环保捐款的因素，选取了各个方面的变量，所以稳健性是至关重要的，下面采用替换变量的方式进行稳健性检验。之所以选择此方式，是因为本研究的自变量是开放式的，根据已有理论进行了变量选取，虽然预测百分比已达到 79.5%，但仍旧会有很多变量被遗漏。这些遗漏变量可能来自问卷没有覆盖的方面，可能来自因变量自身没有办法解释的部分。为了进行稳健性检验，首先需要明确替换哪些变量。主成分 1 "环保意识" 和主成分 2 "无意愿从事环保活动" 与因变量同属环保类题目，最为直接相关，解释力也较强，可替代性低，所以保留。其他 6 个变量中，分别包含了个人社会经济地位的 3 个变量，个人社会态度的 2 个变量和对政府工作成效判断的 1 个变量。在保留 "中央的环保工作成效" 这一变量后，分别替换或删去个人社会经济地位的 3 个变量、个人社会态度的 2 个变量中的一个或几个变量。回归结果见表 3。

表 3　稳健性检验

自变量	回归系数
环保意识	0.339 ***
无意愿从事环保活动	-0.087 **
中央的环保工作成效	-0.063 *
个人收入对数	0.084 ***
与大众观点一致程度自评	-0.152 **
常数	-1.336 ***

控制变量	回归系数
性别	0.074
单位或公司类型	-0.099
入党意愿	0.006

从结果可以看出，在去除了"与亲朋交往密切程度""住房面积"和"受教育程度"三个变量后，解释百分比为 78.5%，与完整方程的 79.5% 相比略有下降，但稳健性检验方程中的变量的回归系数保持了正负号一致，"中央的环保工作成效"的显著性水平略有下降，但依旧具有解释力。所以可以认为原方程较为稳健。

通过对 CGSS 2013 数据进行主成分分析和 logistics 回归，结果显示，环保捐款要依靠将环保态度转变为环保行动。在这一过程中，中央政府的环保成效对环保捐款有挤出效应，"与亲朋交往密切"或"与大众观点保持一致"增大了群体对个体行为的影响，这一影响会降低环保态度转变为环保行动的可能性，这些因素降低了环保捐款的可能性。收入、受教育程度提高了环保捐款的可能性。

三 结论

传统慈善捐款研究往往将捐款行为视为研究终点，本文通过对 CGSS 2013 数据进行主成分分析和 logistics 回归，结果显示，环保捐款倚赖于将环保态度转变为环保行动。在捐款动机和效用方面，采用了经济学个人效用和社会学社会效用两种学科视角。在个人收益-成本方面，验证了收入、受教育程度对环保捐款的正向作用。在社会效用方面，验证了现有公共服务提供水平的提高会降低民众捐款意愿，中央政府的环保成效对环保捐款有挤出效应。同时个体捐赠决策受到周围环境的影响，并不完全是个人收益最大化的理性选择，"与亲朋交往密切"或"与大众观点保持一致"增加了群体对个体行为的影响，这一影响会降低环保态度转变为环保行动的可能性，进而降低环保捐款的可能性。从以上路径分析可以看出，鼓励民众捐款需要借助群体影响，将环保态度转化为环保行动。

参考文献

蔡燕青（2017）：《中国大陆个人慈善捐赠的影响因素研究》，硕士学位论文，北京：中国政法大学。

Powell, W. W., & Steinberg, R. (2006). *The Nonprofit Sector: A Research Handbook, Second Edition*. Yale University Press.

"Attitude to Action": The Influence Factors of Environmental Donations by Chinese People

Zhang Jingwen

Abstract: Traditional charitable donation research often sees donation behavior as the end point of research, and this paper analyzes the CGSS 2013 data, showing that environmental donations rely on turning environmental attitudes into environmental actions. In this process, the central government's environmental performance has a crowding-out effect on environmental donations, "close to the people around" or "consistent with the public" increases the impact of groups on individual behavior, which reduces the likelihood of environmental attitudes into environmental action, and thus reduces the likelihood of environmental donations. Income and education increase the likelihood of environmental donations. The study of the process by which attitudes translate into action will enable people to be more targeted in their environmental action.

Keywords: Charity; Environmental Protection; Donations

（责任编辑：罗婧）

"互联网+" 养老与综合平台模式的发展

郭 冉 王 晶[*]

摘 要：随着以"互联网+"为媒介的各种共享经济的兴起，传统的养老服务模式在受到不同行业挑战的同时，也迎来了巨大的发展机遇。在当前快速老龄化的国情之下，传统养老服务模式与"互联网+"的结合，将成为养老服务供给和产业发展的新增长点。本文基于上海市智能养老代表企业 Y 公司的调研，重点讨论了"互联网+智能养老"模式中的综合平台模式，尝试从点到面地推导出其构成、形式及发展。并进一步管中窥豹，从互联网养老模式反思当前共享经济、智能养老模式存在的问题，同时尝试提出解决建议。

关键词：快速老龄化 "互联网+" 养老服务模式 综合平台模式

一 智能养老兴起的背景和意义

在快速老龄化的背景之下，中国面临着越来越大的养老压力。传统的老年人居住模式和服务模式——居家养老、社区养老、社会养老——在灵活应对养老需求方面越来越力不从心，模式的僵化与资源的配置失当、利用不足相伴生。在此背景之下，如何有效地配置养老资源，满足不同老年人对于养老服务的需求，将成为今后数十年我国人口老龄化国情的主题（于潇，孙悦，2017）。

以移动互联网为代表的共享经济和"互联网+"智能行业的兴起有望给养老行业注入新鲜血液（孙畅等，2019）。一方面，智能养老可以利用互联网"轻""便"的特性，将资源化整为零，有效整合；另一方面，智能养老也可以融入传统的养老模式，二者并非截然对立，而是可以互相促进，协

---

* 郭冉，中国社会科学院社会发展战略研究院助理研究员；王晶，中国社会科学院社会学研究所副研究员。

调发展。

1. 快速老龄化背景下的人口压力

老龄化是一个世界性的议题，也是当今中国人口发展形势面临的一个新的基本国情和严峻挑战。根据世界卫生组织的定义，60 岁以上人口超过总人口比例的 10%，或者 65 岁以上老年人口超过 7%，即标志着该社会进入老龄化社会。20 世纪 70 年代以来，随着计划生育政策的推行，我国的人口生育率和整体生育水平迅速下降；另外，随着社会整体生活水平提高，人均寿命大幅延长，老年人的总体数量和所占总人口比例都在上升。在多种因素的叠加下，中国在 2000 年突破了这两项指标，进入了老龄化社会（陆杰华，郭冉，2016）。从时间上来看，中国进入老龄化社会仅用了 20 多年时间，而欧洲达到相同的社会形态则用了 80 年左右。而从空间上来看，老龄人口主要分布在经济条件和医疗卫生条件良好的发达地区。尤其是京沪等大城市，均在 20 世纪末进入老龄化社会。时间和空间的压缩，均加剧了中国的老龄化形势。

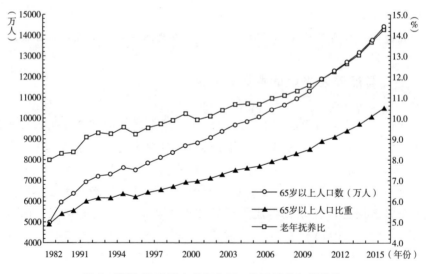

图 1　我国 65 岁以上老年人口、比重及老年抚养比

数据来源：历年《中国统计年鉴》。

从图 1 可以看出，尽管 1995 年之前，表示我国老龄化程度的各项指标均出现了相对平缓的增长；但从这之后，65 岁以上老年人口总数、占总人口比重、老年抚养比三个指标均呈现直线增长的态势。① 在这一严峻的老龄化形势下，对老年人口的赡养越来越成为最受瞩目的民生问题。从图 1 的统计数字来看，20 世纪 90 年代之前，老年抚养比在 8%～9% 波动，90 年代则小幅上升至 9%～10%。2000～2010 年这 10 年间则加速上升了 2 个百分点，达到 11.9%，但在 2011～2015 年这几年间则大幅上升了 2.5 个百分点。中国在 2010 年大约 5 个劳动年龄人口负担 1 个老人，而在 2020 年将变为约 3 个劳动年龄人口负担 1 个老人，到 2030 年则为约 2.5 个劳动年龄人口负担 1 个老人。这一方面反映出急速加快的老龄化进程，另一方面也反映出劳动力人口下降带来的老年抚养比攀升以及将来中国可能面临的巨大的养老负担。

预计到 2020 年，全国 60 岁以上老年人口将增加到 2.55 亿人左右，占总人口的比重提升到 17.8% 左右，65 岁以上老年人口总数也超过 2 亿人；高龄老年人将增加到 2900 万人左右，独居和空巢老年人将增加到 1.18 亿人左右，老年抚养比将提高到 28% 左右；用于老年人的社会保障支出将持续增长；农村实际居住人口老龄化程度可能进一步加深。这对于经济发展和老年人持续稳健的福利增长都是巨大的挑战。

日益加深的老龄化程度以及随之而来的潜在影响都表明，从政策制定的角度来全盘考虑老龄化，将积极应对人口老龄化作为一项基本国策刻不容缓。最重要的是，应未雨绸缪，提前做好政策和产业配套支持措施。推动养老事业的发展，是提升老年人福祉的重要举措，是应对即将到来的老龄化社会的必要准备。

2. 积极老龄化背景下的传统养老服务体系发展

居家养老、社区养老和机构养老是当前三种最主要的养老方式，也是三种最为传统和主流的养老方式。上海的养老模式划分提倡 "9073 模式"，即居家养老占 90%，社区养老占 7%，社会机构养老占 3%。但传统的养老模式工作量繁重，智能程度低，资源调配不合理，严重地制约了养老服务体系的进一步发展。这也是智能养老方式和产业发展的出发点和落脚点。从资源的配置方面来讲，智能养老并非全盘否定传统的养老方式，而是在技术上对资源分配方式进行优化，同时对原有手段进行整合。

---

① 从老年人口总数来看，1982 年 65 岁以上老年人口仅 5000 万左右，1987 年达到 6000 万，1997 年超过 8000 万，2005 年超过 1 亿人，2015 年超过 1.44 亿人。同时，65 岁以上老年人占总人口比重也快速增加，2000 年超过 7%，2014 年超过了 10%。不仅如此，在未来，老龄化程度仍然将进一步加深，老龄化趋势也将进一步加速。到 2030 年，中国 65 岁以上人口占比有可能超过日本，成为全球人口老龄化程度最高的国家。

（1）社区养老作为居家养老的依托

社区养老是居家养老服务的重要依托，具有社区日间照料和居家养老支持两类功能，主要面向家庭日间暂时无人或者无力照护的社区老年人提供服务。目前的居家养老服务涵盖生活照料、家政服务、康复护理、医疗保健、精神慰藉等，以上门服务为主要形式。对身体状况较好、生活基本能自理的老年人，提供家庭服务、老年食堂、法律咨询等服务；对生活不能自理的高龄、独居、失能等老年人提供家务劳动、家庭保健、紧急呼叫和安全援助等服务。在城镇，主要是结合社区服务设施建设，打造居家养老服务平台。在这个领域，智能养老方式涉足较多。政府通过购买公共服务，利用"公办民营"和"公建民营"等方式，吸纳社会资本；同时，在新开设的养老机构中，较多地利用信息平台和智能可穿戴设备，通过这些举措，实现服务的"智能化"。

目前，全国社区综合服务设施建设覆盖率已达到 65%。根据《2015 年民政工作报告》，截至 2015 年第四季度，全国养老床位数预计达到 672.7 万张，每千名老年人拥有床位数预计达到 30.3 张。① 而 2012 年底，这两个数字分别为床位 390 万张、20.5 张。江苏、上海等 5 个省（市）的城市社区日间照料中心覆盖率达到了 100%，农村日间照料中心覆盖率超过了 50%。② 而在农村则以乡镇敬老院为基础，建设日间照料和短期托养的养老床位，逐步向区域性养老服务中心转变，向留守老年人及其他有需要的老年人提供日间照料、短期托养、配餐等服务。在这个方面，上海无疑走到了全国的前列。其中，"Y 公司"和"H 公司"等几个较大的科技公司在这个行业均有所涉及，并将业务发展到基层的社区中。

（2）机构养老作为社会养老服务体系的支撑

机构养老作为社会养老服务体系的重要支撑，也得到了国家大力推动和部署，同时这些养老机构也是较多利用"互联网+智能养老"手段的企业。民政部《城乡社区服务体系建设规划（2016~2020 年）》中提到，"十二五"期间，各地认真贯彻落实《社区服务体系建设规划（2011~2015年）》（国办发〔2011〕61 号），城乡社区服务体系建设取得显著成效。截

---

① 《国务院关于印发"十三五"国家老龄事业发展和养老体系建设规划的通知》，http://www.gov.cn/zhengce/content/2017-03/06/content_5173930.htm。

② 《2015 年民政工作报告》，http://images3.mca.gov.cn/www/file/201605/1462763666281.pdf。

至 2015 年底，全国共建成城乡社区综合服务设施 15.3 万个，比 2010 年底增加 9.6 万个，城市社区综合服务设施覆盖率达到 82%，农村社区综合服务设施覆盖率达到 12.3%。此外，信息共享正在形成。社区公共服务综合信息平台覆盖率已达到 10%，智慧社区建设在部分地区探索起步，信息化与社区服务深度融合，提高了公共服务便捷性和群众办事满意度。① 除了公办养老机构之外，以社会资本为主的民办养老机构同样也是养老服务体系中的重要组成部分。目前全国 4 万多家养老机构中，近三成为民办养老机构。这些养老机构为老年人赡养及照料提供了必要的场地、设备及人员，极大地补充和促进了养老产业的发展。

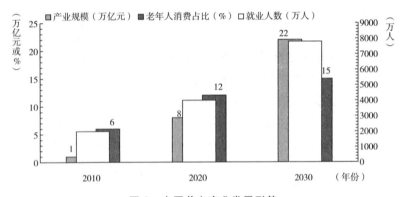

图 2 中国养老产业发展形势

从促进经济发展的角度来看，发展养老产业不仅可以大幅增加就业人口，提供就业机会，同时也可以转变经济增长方式，促进我国经济平稳健康发展。养老产业是一项劳动密集型产业，按照未来 20 年我国 GDP 保持在 7% 左右的年均增长速度，以及未来 10 年内养老服务需求稳步、加速释放的预期，未来养老产业仍然有巨大的发展空间。根据国家发改委估算，2010 年、2020 年和 2030 年，我国养老产业从业人员可能从 2000 万人增加到 4000 万人和 7800 万人，提高就业率约 2 个百分点。如果老年人口与护理人员按照 3∶1 的比例配备，仅此养老产业一项就能增加就业 1000 万人。而养老产业规模有望从 2010 年接近 1 万亿元的水平提升到 2020 年的 8 万亿元和 2030 年的 22 万亿元，老年人消费占社会总体消费水平的比重可能从 2010

① 《城乡社区服务体系建设规划（2016~2020 年）》，http://www.ndrc.gov.cn/fzgggz/fzgh/ghwb/gjjgh/201707/t20170707_854160.html。

年的 6% 左右提升到 2020 年的 12% 和 2030 年的 15%。① 因此，发展养老产业有助于提升社会整体就业水平，也有利于经济结构转型和经济总量提升。

为适应快速老龄化进程，实现"积极老龄化"的战略目标，民政部等相关部门也制定了一系列的政策和法律法规，推动并完善养老服务体系的发展。另外，为确保养老服务体系的建设，政府也积极简政放权，吸引社会资本的投入，大力发展养老服务产业。2015 年修订的《中华人民共和国老年人权益保障法》，进一步确立了"以居家为基础、社区为依托、机构为支撑"的社会养老服务体系，并在国家层面"倡导全社会优待老年人"。因此，在国家推动重点发展居家养老服务的同时，社区养老和机构养老也得到了法律上的鼓励和长足的发展。国务院和民政部也有较多的政策文件鼓励、倡导多元的服务提供主体。但目前仍然没有针对智能养老产业和行业发展的相关文件、规范等，这个行业有待于进一步发展和鼓励。

3. 智能养老对于完善养老服务体系和发展养老产业的意义

如上所述，在养老产业良好的发展前景面前，我们仍然不能忽视传统养老产业发展中存在的问题。如作坊式作业、规模小、服务差、配套弱、投入少、无标准、缺监管等问题。另外，传统养老服务体系仍然存在政府干预过强、市场力量较弱的问题。这些问题的存在严重制约了养老服务体系的建设，从而也不能给老年人提供更好的养老服务。同时，养老服务体系建设也没有很好地利用当前互联网科技，没有享受到互联网经济带来的经济外溢效应，发展也相对滞后。

我国老龄化进程加速推进，形势已经较为严峻。与此同时，老龄化进程体现了几个鲜明的特点（陆杰华，郭冉，2016；邬沧萍等，2007）：（1）未富先老，我国在开始人口老龄化时人均收入仅 1000 美元，而发达国家可以达到 5000~10000 美元（穆光宗，张团，2011）。（2）规模超大且速度超快，上文的统计数字也表明，我国老龄化进程正处于狂飙突进的过程中，人口基数大是一个显著的加速器。（3）老年人人均预期寿命大幅提高，高龄化显著。《〈国家人权行动计划（2012~2015）实施评估报告〉》显示，2015 年之后，我国人均预期寿命达到 76.34 岁，这一数字在 2010 年人口普查中，仅为 74.83 岁。（4）城乡差距大，发展不均衡。（5）家庭小型化，少子化老龄化显著。因此，为应对这些突出的现实挑战，应对在新国情之

---

① 《关注养老产业发展"三本账"：促社会稳定扩大就业》，http://jys.ndrc.gov.cn/xinxi/201107/t20110729_426339.html。

下的人口形势，保障老年人的福利，养老产业的发展仍然任重道远。传统的养老方式势必进行改变，否则难以应对快速增长的老年人口及变化中的老龄化社会结构。构建更加适应老龄化社会的新型养老服务体系，需要以传统养老形式为主体，融入互联网科技和经济模式，将互联网经济代表的民间力量作为生力军，打造更为合理的服务体系，就成为必要选项。同时，也需要多元主体参与进来，充分发挥和利用现代科技手段（龚雪会，阴金钊，2019；龚娜，董潘敏，刘芬，2018）。

在这个背景下，以共享经济和"互联网+"为代表的智能养老形式正在如火如荼地展开。它融合了政府、社区、家庭和市场在内的多个行为主体，是传统养老服务在互联网时代与互联网高度融合的新兴产业（龚娜，董潘敏，刘芬，2018；间志俊，2018）。智能养老利用大数据平台、云计算等技术实现养老服务的供需匹配和协调。大数据平台则是养老服务信息的重要载体，负责养老服务供应商和有养老需求的老年人之间的互动。智能养老的内涵极为丰富，不仅代表了一种新型商业模式，同样也是传统养老服务产业的改革方向（于潇，孙悦，2017；刘静丽，2018），不仅可以协调配置资源，减轻政府负担，同时也是引领造福老年人的重要方向。

因此，为了应对日益严峻的老龄化形势，"互联网+智能养老"的模式有着重大的现实意义，是实现积极老龄化战略目标的重要举措。互联网经济形式可以有效打破行业之间的区隔，实现资源有效配置，这样就意味着可以用较低的成本来实现更高的服务质量，获得更多的服务资源，有效缓解"未富先老"的问题。此外，互联网经济具有边际成本的确定性，但边际收益则不会随着用户增多出现递减，这也意味着"互联网+智能养老"可以覆盖更多的老年人群。与此同时，互联网还可以通过对农村的渗透以及城乡资源的统合完成城乡养老服务的统筹规划。这些优势都是推动、发展智能养老的重大意义。

二 共享经济蓬勃兴起，"互联网+智能养老"方兴未艾

1. 共享经济的兴起：电商的演进路径

随着近十年来经济的快速发展以及各种商业模式的不断创新，基于共享经济理念的"互联网+"的经济模式获得了长足的发展。从概念上来看，共享经济是指一种可以分享的经济，通过某种技术、平台等，让商品、服务、信息和资源等充分流通并可以广泛使用的经济形式。在共享经济中，

产权和使用权相分离，并注重对于使用权的最大化。因此，共享经济实质上是对社会闲置资源的一种配置方式（马广奇，陈静，2017）。这种资源的再分配，可以有效解决分布不均、服务成本高、地区区隔明显的问题。

飞速发展的互联网经济无疑为共享经济的发展插上了翅膀。具有代表性的例子有 Airbnb、Uber，滴滴打车，共享单车，知乎等共享知识平台，以及阿里巴巴旗下的蚂蚁金融等协作金融平台，不一而足（刘奕，夏杰长，2016）。这种商业模式正在扩展到生活的方方面面，并给我们的日常生活、行为方式带来了革命性的改变（谢志刚，2015）。尤其是"互联网+"的经济模式，在近几年大行其道，极大地丰富了我们的日常生活。通过已有文献，本文梳理出电商及共享经济发展的轨迹，做出了如下的划分（见图 3）。

（1）电商模式
·B2B（企业到企业，阿里巴巴早期业务）、B2C（企业到个人，淘宝/天猫商城）、B2B2C（企业到企业到个人，淘宝，京东等）、B2G（政府购买服务）、O2O（线上线下/线下线上，蚂蚁金融、滴滴打车、知乎）
·以往电商侧重于商品销售；O2O侧重于出售服务，服务质量反馈及线上线下的互动
（2）移动互联网时代：O2O的演进
·关键词：生态，渠道，平台；频率，刚需，规模；从单线程到多线程
·代际演进：
·O2O 1.0：信息为中心，平台为主导；单向性传播信息，用户黏性低；代表：携程
·O2O 2.0：用户为中心，强调用户间互动；双向分享和选择；代表：大众点评
·O2O 3.0：服务型电商模式；商品（服务）一下单—支付；调动了资源配置；代表：滴滴打车等。存在的问题：虚假繁荣，监管落后于市场发展
·O2O 4.0：市场细分，垂直化

图 3　电商的发展及 O2O 模式的研究

从图 3 的分类可以看出，很多互联网企业的业务模式并非铁板一块；同时也很难将其完全归入同一行业。例如阿里巴巴早期从事的企业黄页汇集，业务较为单一。而后期的发展涉及 B2B（从淘宝到卖家）、B2C（卖家到买家）、O2O（蚂蚁花呗）等多个领域，因此一个互联网公司涉及的发展模式很可能是多元的而非单一的。从涉及主体来看，电商的各个发展阶段均涉及"消费者""服务提供者""政府"和互联网公司；而从服务提供者方面看，既有做成综合平台的航母型企业，同样也有深度挖掘客户由点及面的垂直型企业。当然，这两者并非相互排斥，而是互相促进，并在业务拓展的阶段有所重合。

反观养老服务领域，"互联网+智能养老"毫无疑问是一个新兴的广阔

市场。智能养老涵盖多个领域，同样也包含"消费者""服务提供者""互联网企业"等诸多主体。在智能养老服务的提供过程中，同样需要有相应的类似淘宝/京东一样的平台。因此也必然存在"垂直型"企业和"平台型"企业。但无论是在垂直型的纵向发展企业，还是平台型的航母企业中，智能养老形式通过实现产品和服务的智能化，都可以增强其服务的便捷性并降低劳动强度。

2. 平台型企业的业务范围

本文分析的对象是上海 Y 公司，也是一家平台型的智能养老企业。所以，本文主要侧重平台型企业的业务模式进行探讨。综合已有文献及实地调研，可以发现目前平台型企业能够提供的若干智能养老服务形式主要有以下几种。

（1）老年人信息数据库

老年人健康信息数据库的建立接近公共产品的性质，包括信息和数据收集、初步分析和提供健康建议。建设老年人健康数据库要利用互联网、移动通信技术，通过不同的健康管理部门分工协作，如卫生计生部门，将老年人基本信息电子档案化。与此同时，不断补充更新老年人健康信息，这样可以实时更新老年人健康动态，使老年人和看护人可以在第一时间掌握老人的健康情况。调研中，我们了解到上海等地区已经开始推广建设老年人信息数据库，例如上海 Y 公司的服务系统内有 110 万老年人，可涵盖人口将近 350 万人。国家卫计委也积极推动 HIS（Health Information System）等类型的信息管理平台和数据库，可以从国家层面统计、统筹全人群以及特定群体的健康信息，覆盖非常广泛。这些数据库都属于最基础的信息来源。

（2）服务信息平台

养老服务信息平台以老年人健康信息数据库为基础，通过平台将老年人信息与各种服务供应商、社会资源等结合起来，在老年人有服务需求时，调度相关资源为其提供救助或服务。这种服务模式在更多的情况下是一种商业服务模式，类似 B2B 模式（最典型的就是淘宝模式）、B2G 模式和 O2O 模式（共享经济）的混合体，通过建设信息交互平台，一方面可以入驻提供门类齐全服务的相应商家，并可以由消费者进行挑选，另一方面，还可以实现老年健康的动态监测，为政府提供宏观的健康情报。不仅如此，信息平台还可以调配资源，实现线上的选择和线下的服务，满足了消费者的服务需求，也合理地分配了资源。

（3）智能终端

智能终端主要用于老年人和服务平台之间的信息交流，同时实现老年人健康信息的采集和健康情况的检测。通常用到的智能终端有几种：可穿戴设备，如 VR、手环、腕表等；挂壁式设备，如红外信息收集器、报警器等；摆放式设备，如电脑、电视、电话等。这些设备通常会通过手机 App等实现与信息平台的互联和共享，并得到实时的追踪。此外，伴随科技进步，将来可能会有更多的智能设备出现，如智能机器人，不仅可以更便于信息采集，同时也可以大幅度减轻养老服务的难度和工作强度，更好地服务于老年人。

具体到 Y 公司，其业务模式和发展方向如何？仍然需要进一步分析。

三 互联网养老的平台模式——以 Y 公司等为例

随着互联网、大数据、云计算等各种新兴技术的发展，加上消费者日益多元化的消费需求，电子商务模式出现了从无到有、从一到多的发展演变过程。基于"互联网+智能养老"的养老企业也分别从垂直模式和水平模式两种路径出发，进行业务的拓展。本文中探讨的主体——Y 公司便是平台型养老企业的典型，因此本文主要关注并讨论平台模式的特征。总的来看，Y 公司的平台模式主要是糅合了 B2G、B2C 以及尚未发育完全的 O2O 模式。

1. Y 公司的平台化服务模式

当前的互联网平台模式，主要有 B2B（Business to Business）、B2C（Business to Customer）模式，分别以淘宝和京东为代表。所谓 B2B 模式是指企业间（供应商）通过专用网络平台，进行数据交换和传递，并开展商业活动的模式。B2C 模式则是电商直接面向消费者进行产品销售和服务销售的模式。当然，随着产业模式的进一步发展，不同模式之间的界限逐渐模糊，B2C 模式也和 B2B 模式有着逐渐交融的趋势，形成 B2B2C 模式，更有利于供应商、互联网平台和消费者之间的互动（雷婷，2007）。例如，京东在其销售平台中也会引入不同的商家，进行 B2B 模式的互动。

相比之下，共享经济中发展最快的 O2O（Online to Offline）模式则是基于 B2C 模式，并在产品和服务内容、服务方式方面有所变形。O2O 主要是指线下的商务机会通过互联网这一平台，在线上交流信息并配置资源，实现线下的商品和服务消费（郑志来，2016）。例如专车、共享单车、外卖的上门送餐等都是采用这个模式。通过互联网的整合，将传统行业中低效且劳动力资源配置不均衡的问题加以解决。互联网养老服务对O2O模式也有诸多的借鉴。

Y公司的平台模式就类似于B2B模式，并糅合进B2G、B2C等模式。它采取市场化运作方式，建立聚合型的养老服务平台，通过信息化手段解决我国老人的居家养老问题，并在一定程度上突破了传统模式。首先，Y公司向服务供应商提供信息和交易平台，服务供应商通过竞争和购买相应的数据、信息入驻，并由Y公司进行议价和定价，这一步的模式近似B2B。下一步，消费者可以通过Y公司平台入驻商家进行服务和产品选择，这类似于B2C模式；同时，政府的补贴/购买社会服务也通过Y公司进行，政府打包购买Y公司服务，经过Y公司传递给消费者——老年群体，这个过程类似于B2G。此外，还有发育尚未完全的O2O模式，即消费者和服务者直接通过Y公司的平台进行线上下单、线下提供服务、反馈回线上进行评价的过程，这部分业务所占比重很小，且处于尝试阶段。

问：你的商业模式能再给我们具体详细讲一下吗？

答：我们的商业模式就是B2G、B2C、B2B……你（说）的商业模式就是淘宝的"互联网+"商业模式，某种意义上说和饿了么是一样的，B2C是一样的，但是我们还有B2B和B2G。这三种成分会随着将来市场的变化而会不一样，为什么？我们现在是……B2G。B2G以后，我要造楼了，那就B2C，住宅楼是B2C，办公楼就是B2B，就是这么回事。（录音：160331_Y公司）

通过建立包括若干项目系统和子系统的配套运行体系，SaaS系统可以涵盖从国家到社区/居委会层面的用户，汇集相关的养老服务和养老需求信息。通过在SaaS系统中预留接口，可以完全兼容各地区已存在的系统平台，打造"养老服务的淘宝"。各个子系统中的服务需求信息，可以用来吸引供应商入驻，进而为有养老需求的消费者提供必要服务。Y公司的平台模式在实际操作中，也是通过服务使用者在线上选择相应的产品，线上下单，线下使用产品并提供反馈意见。开发了多款App应用和可穿戴设备，将老年人、子女、服务商同Y公司平台串联，最终形成一个"大健康+大生活"的互联网养老服务闭环。通过线上的呼叫中心、微信平台、App，线下的社区服务中心、便民服务活动等多种渠道向老人提供各类有偿或无偿的服务。

Y公司的"平台"模式，见图4。

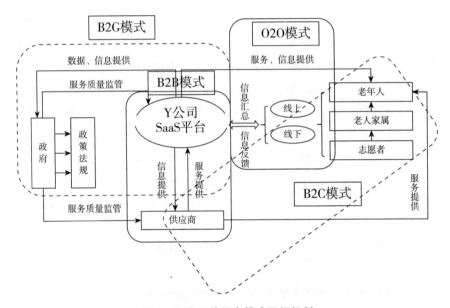

图4 Y公司的平台模式运行机制

2.Y公司模式中的多元主体

作为一家以平台为主要模式的互联网养老企业，Y公司没有专门的门店，也没有养老社区，而是通过建立 SaaS 系统，用信息方式统筹相应资源，提供养老服务。总的来看，如图4所示，Y公司模式中存在四个主体。

（1）Y公司平台：SaaS 系统

SaaS 系统是 Y公司通过多年实践，创建的一套完整的可以涵盖从国家层面到社区层面的智慧养老信息化系统。平台系统总计由 105 个项目系统和 384 个子系统构成。在系统背后，则有 2000 天不间断运行的 311 箱服务流程与管理制度。该平台系统在 6 年时间内进行了 39 次优化升级。使用 SaaS 系统无须购买任何硬件设备，这样可以减少设备投入费用。同时，使用该系统也不需要大笔资金预算，仅缴纳一定的"年费"（1280 元/年）即可获得完整的智慧养老平台系统解决方案，也不需要后期维护费用。

SaaS 系统充分预留了系统接口，可以很好地兼容各地区已经存在的平台，各地区独立系统可以通过 Y 公司平台进行融合。因此，平台的开发可以大幅节省设备开支，并在系统并联和运行维护层面提供了较好的解决策略。

该系统目前包含 11 个较大的系统模块，分别就信息汇总、数据收集、综合为老服务和监管、长者之家、日间照料、微信公众平台等提供服务。

（2）产品和服务供应商

Y 公司的供应商主要是由养老服务提供商、养老产品提供商以及生活用品、周边用品提供商等构成。由于生活服务供应商数量大，服务半径短，质量参差不齐，因此，难以提供标准化、高质量的服务。"我们要为老年人或者社区居民提供优质优价的服务。第一，价格要优惠，第二，质量要保证。价格优惠大家理解，我这里相当于团购，我提供的服务低于市场价……价格便宜。"（录音：160331_Y 公司）

因此，对于供应商，Y 公司则借助政府力量进行整合。Y 公司在受邀入驻一个新的地区时，会先找一份当地最大的服务供应商名录，再由地方民政局统一约谈这些供应商加盟，不仅在价格方面方便统一，还能吸引到更多优质供应商。

供应商加盟后，Y 公司会进行统一的培训，每个供应商会配备一个管理员账号和若干服务人员账号，通过手机接单进行服务。在供应商提供服务时，Y 公司通过管理系统，首先按照不同的服务流程开发所有的服务内容的系统，然后在这个流程过程中再开发监管系统，系统地监管每次服务过程，保证每次服务的质量。而服务标准则以老年人满意为准，为老服务零差错，老人满意度百分百。服务完成后，再由 Y 公司致电老人寻访满意度，合理投诉不解决，直接拉黑；不合理投诉解决后可得到加分，加分越多可获得的单量也越多，从而达到统一服务质量的目的。

（3）作为政策提供者和服务监管者的政府

在智能养老产业发展过程中，政府所起到的主要作用就是提供相关的法律法规和政策规范。中央政府层面，《民政部关于推进养老服务评估工作的指导意见》（民发〔2013〕127 号）、《国务院关于加快发展养老服务业的若干意见》（国发〔2013〕35 号）等文件已发布，用于宏观上统筹规划养老服务业的发展和监管评估。地方层面，上海市也颁布了《养老机构设立许可办法》《上海市养老机构条例》《上海市人民政府关于加快发展养老服务业推进社会养老服务体系建设的实施意见》《上海市养老设施布局专项规划》等专项规定和办法，统筹规划并紧抓落实，确保政策落地效果。

同时，严格监管服务质量，确保市场平稳健康发展。与此同时，政府也对养老产业进行了大力扶植，这体现为政府通过 Y 公司等平台购买大量的公共服务。从 Y 公司和 AA 家护的经营状况来看，这两家公司的大部分营业收入均与政府购买服务密切相关，其中 Y 公司的经营收入（2000 万元左右）绝大多数来自政府项目。

另外，政府监管供应商服务质量，主要是通过为 Y 公司背书，从 Y 公司平台来进行筛选和约束，制定相应的服务标准，并对各类养老服务套餐进行统一管理。所有服务套餐会根据用户需求通过平台排给相应的服务供应商，实现规模化集约化管理模式。政府通过平台这一中介，对各类养老服务制定相应的服务标准，统一服务价格，建立规范的服务流程，对各类供应商进行统一培训并保障不同服务供应商的服务人员上门之后可以提供标准化服务。通过对供应商进行约束管制，也可以防止其"一家独大绑架政府"。

（4）使用养老服务的消费者

作为养老服务的使用者，老年人毫无疑问处于整个系统闭环中的中心地位。Y 公司当前的系统已经吸纳了 110 万老年人，并且可以覆盖近 350 万人，提供了 600 万次服务。与此同时，老年人的满意度则是服务质量的最高标准，这也充分凸显了以人为本的经营理念。

在这个过程中，老年人及其子女、家属等人，一方面可以通过线上的系统，发出需求信息，接受服务；另一方面，可以通过手机 App、微信公众号平台等获得相应的信息推送。例如，老人宝 App，不仅提供包括医疗健康、生活和娱乐等服务，给老人配备手环，老人的运动、睡眠、血压、心率都可以在子女的 App 里实时看到。医疗健康方面，不仅可以提供导医和专家门诊预约挂号服务，还可以提供陪医、送药以及护士、护工上门护理服务；生活方面，可提供突发疾病的急救服务，也可以给年龄较大、生活自理能力下降的老人提供日常生活服务，从最简单的理发、修锁、家电维修到保姆、保洁等各个方面。因此，老人的日常需要基本可以得到满足。

3. Y 公司的服务内容和盈利模式

在市场方面，Y 公司以政府购买服务为切入点，通过平台建设汇集供应商和潜在用户，并最终导向个人市场，解决个人养老需求。这部分服务主要有：线下服务，包括政府购买电话服务、可穿戴设备等使用费用；线上服务，如平台使用费用等。此外，还有部分收入来源于供应商对于平台使用的收费。

电话关爱服务来源于政府购买，这部分收入也占了 Y 公司营业额的绝大部分。"（电话关爱服务是）政府购买的项目。我们每天要打多少个电话，系统有个派单的……这个系统都是可以控制的。我的服务包到了这里，这个部门到这个部门，综合业务部到客服部，客服部到主管，主管到每个席位，每个席位是一个一个跳给你的，要拨两次号码才行，如果第一次没接通还要接第二次……"（录音：160331_Y 公司）尽管负责人没有透露政府购买情况，但根据 2017 年政府投入的数量（4000 万元）可以推测，2016 年政府购买电话服务这部分应该接近 Y 公司 2016 年营业收入，即为 2000 万元左右。此外，通过访谈我们了解到，Y 公司 2016 年工资支出近 2000 万元，场地租金 500 万元左右，收支相抵，大致亏损 500 万元。因此，Y 公司计划 2017 年利用政府的购买服务，压缩成本，获得盈利。

问：现在能达到收支平衡吗？达不到？

男：今年就要营利的，4000 万元减掉 3000 万元，还有 1000 万元利润。这都是小钱，政府给我们吃饭的钱。（录音：160331_Y 公司）

其服务内容和盈利模式见图 5。

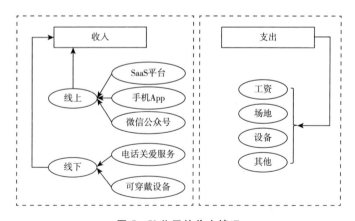

图 5　Y 公司的收支情况

其中，Y 公司主要的收入项目为线上的 SaaS 平台，方式为使用费（但目前没有收取中介费），以及手机 App、微信公众号等服务；线下的收入项目为当前最主要的收入来源，其中电话呼叫服务作为政府购买项目，占据了相当大的收入份额；另外一部分收入，则来自可穿戴设备等周边产品。

另外，支出项目相对较为集中，主要是工资费用和场地租赁费用占据了绝大多数的比重；设备费用和其他费用则是相对较小的组成部分。

四 从实例看平台模式发展中的问题和挑战

推动积极老龄化、鼓励养老及老年健康相关产业发展，是应对我国当前不断加速的老龄化进程的重要政策举措和治理实践。政府和企业作为养老服务提供的两个主体，政府负责政策的制定和完善，企业负责养老服务产品的推出和更新。"互联网+"智能养老模式利用 O2O 互联网经济模式，力图大力推动养老服务的智能化，提高老年人利用养老服务的便利性。但通过已有实地调研以及从 Y 公司案例的分析中，发现养老服务提供的两个主体在实际运作中，均存在相应的缺位和改进的余地，其中政策规范的缺位和养老企业造血能力不足是核心的问题，这些问题同样存在于类似的平台型互联网养老企业。解决政策缺位和标准缺失，提升平台型互联网智能养老企业的造血能力，可以更好地规范、引领智能养老这一朝阳产业的发展。

1. 互联网养老企业主要的营收来源单一，造血能力不足且普遍亏损

在实际走访中，我们发现不少养老机构在经营业务、营收水平方面存在较大问题：一方面是主营业务单一，增长潜力有限；另一方面则是对政府购买社会服务依赖较大，政府财政在其中扮演重要的角色。以 Y 公司为代表的部分互联网养老企业的主要营收来源为政府购买社会服务，其主营业务也与政府购买的服务项目高度重合，缺少多元化发展的思路和产品设计，从创立至今仍然未扭亏为盈。2016 年的亏损额达到 500 万元，相当于其年营业额的 1/4。

> 男：我们做 B2G 也能挣钱，因为我们只要把政府采购的量大于我这个成本，我就有利润了。我们今年大概能做到 4000 万元。
> 问：现在政府采购的量已经有 4000 万元？
> 男：手里的合同已经达到 4000 万元左右了，我的成本也就两三千

万元。

问：现在能达到收支平衡吗？达不到？

男：今年就要营利的，4000万元减掉3000万元，还有1000万元利润。这都是小钱，政府给我们吃饭的钱。（录音：160331_Y公司）

这个问题同样存在于以垂直业务为代表的"AA家护"中。

问：一个月亏多少？

林总：3%~5%。

问：具体的金额是多少？

林总：100万元左右。（录音：160330_AA家护）

因此，至少可以看到：部分互联网企业较多依赖政府输血，自身造血功能有待提高。另外，公建民营、公办民营的福利院等传统养老机构也是部分地依赖政府补贴和购买服务，如政府负责建设、提供养老服务设施，购买相应床位的服务，提供场地和租金优惠的便利条件。

2. 智能养老不智能，企业统筹运营比较差

总体而言，在多数养老机构中，智能养老设备的使用存在"一高三低"的现状：设备安装、普及成本较高；设备普及率较低、利用率较低、政府和公众对智能化认识较低，且智能化程度较浅。

具体来看，具有较多"传统"色彩的养老机构普遍存在机构建设成本高、运营和维护所耗颇多的特点。比如，建设一个覆盖整个养老机构的数据平台，需要花费大量的人力和资金；在系统运行过程中，也需要时时监控，防止系统出现故障，同样也需要专人去维护。例如，菊园街道社区，尽管建立了可以大体覆盖整个社区的监控，但主要应用于手机信息，仍然没有考虑其他的配套智能设施、联网措施。

问：我们这里主要是H公司在做。依托于智能产品，智能报警，然后我们再给他连接到医院或者其他的服务设施。护理这块后边的服务还没有在做？

答：对。护理这块应该是我们这几年要去……（录音：160330_JY街道座谈）

此外，智能设备的普及度不高。智能手环一类的设备成本相对低廉，较容易普及；但手机 App 一类的则较难普及利用，这与老年人不方便使用智能手机有很大关系。此外，不仅是传统养老机构，公众对于智能养老的认识程度仍然停留在相对落后的阶段。公众普遍认为，智能养老无非就是购买一些智能设备，并把这些智能设备应用到养老服务中。但智能养老的本质应该在服务而不是产品，传统智能产品的设计仅仅实现了功能，而未能结合专业人员以及专业管理流程提供服务，使智能设备的作用无法真正发挥，智能养老停留在"伪"智能的阶段。

3. 市场发展失序，政策制定滞后

"互联网+"思维的主要特征是倡导共享经济，采用互联网思维的智能养老企业通过提供信息共享的平台，将提供垂直服务的养老机构和需要养老服务的老年人个体紧密结合起来。这个过程与前几年的网约车和当下最为流行的"共享单车"在思路上如出一辙。部分企业也采取了"钟点式服务"和外包居家服务，将服务化整为零，优化资源配置。

在走访中，面临最突出的问题，就是发展智能养老产业相关政策规范的缺乏和滞后。"我觉得基础是什么？基础是我们国家对我们整个社会公共政策研究的一种缺乏。我觉得，我们主流的科研机构不应该在这方面缺失的。"（录音：160331_Y 公司）相关的政策制定、体系规划也有欠缺。接受访问的企业和基层政府官员均对此表达了共识：由于没有规范的市场，企业也不知道哪些地方不能做，哪些地方能做，产品质量参差不齐，发展较为无序；相关政府部门也缺乏相关的标准，在纷繁复杂的产品中难以取舍。

首先，在养老服务的标准方面，相关立法和规定还没有明确出台。"现在养老陪护的标准，国家基本没有，或者比较差。原来养老标准有，你可以到民政部去查，规定了养老院的标准，硬件标准很多，其实真正的软件服务的标准是比较少的，或者是比较低的水平，也是不全的。"（录音：160330_AA 家护）此外，对于月嫂等服务的标准也没有明确推出，市场上呈现乱象。

其次，政府也没有做好充分的准备来制定智能养老服务的标准，例如，很多养老服务涉及家政、护理等，不如医疗卫生标准明晰，相对而言更为主观化。"政府购买服务嘛，购买哪些，上门去做哪些……是你必须要通过第三方的……不是说所有的事情都是政府给你购买，他一定有个标准的内容出来。如果这个内容不界定出来，到时候是无序的。肯定要有第三方进

行质量监管……老人通过第三方进行服务，那一定要给你测满意度……上门护理主要以老人的满意度为主。……满意度这块占的权重在我们的监督评估里会占比较大的内容。"（录音：160330_JY街道座谈）这些主观的评价尺度难以把握，给养老服务标准的制定带来了较大的难度。

4. 智能养老产业涉及不同部门参与，目前部门协调存在阻力

老年人的养老服务需求涉及日间照料、家政维修、术后恢复、医疗保健等等，这些服务项目归口到不同部门管理，养老机构由民政部门管理，医疗机构由卫生计生部门管理，医保及长照保险由人保部门管理，分而治之的格局造成医疗和养老资源不能融合。具体到智能养老服务项目，失能老年人可能同时存在护理需求、照料需求、康复需求、心理慰藉等需求，智能养老企业的优势在于可以通过智能产品监测老年健康指征，迅速及时地提供相应的服务。而这类企业面临的一个尴尬之处在于，每项服务项目归口到不同部门管理时，服务门槛的界定就有不同，医疗护理要由专业医师提供，而家庭护理由家庭护理师提供，而两项服务如何在老年人居家养老中得到整合是一个问题。

另外，从发达国家的经验来看，智能养老服务总体上可以降低医疗和养老服务成本。基于人工智能实现数据驱动服务，管理模式由人工主观决策向信息数据决策过渡，薪酬体系由计时向计件过渡，这些技术手段都是解放劳动力、提高养老服务效率的可行措施。在英国，NHS体系有专项资金支持智能养老服务的购买。我国智能养老服务还处于起步阶段，未来智能养老服务筹资如何与长照保险、地方财政项目衔接也是需要未雨绸缪的问题。但由于目前智能养老产品及服务质量高低很难界定，尤其是部分产品在共享经济的推动下，过于重视开拓市场而非服务产品质量，导致服务质量参差不齐，难以获得使用者的满意，政府监管也较难下手。所以基层政府在购买居家养老服务时对智能产品的选择较为谨慎。从访谈中得知："现在对养老产业本身也是（很重视），像照护之家，也允许非公企业做，但是这一块到底怎么做连个标准也没有。现在也允许自己有能力的居民，要弄的可以申请去办，出的文件是允许，但问题是怎么个评估标准，后续市场监督怎么做，政府来把控监管。"（录音：160330_JY街道座谈）因此，政府在面对这些智能养老产品时，多是选择持观望态度。

5. 专业服务队伍的建设刻不容缓

在访谈中了解到，护理人员的服务队伍建设是一个较大的难题。尽管

Y 公司采取的是平台模式，并不直接涉及建设护理队伍的任务，但这个问题是 Y 公司的诸多服务供应商、AA 家护等垂直平台的建设者不得不面临的。

首先，国家缺乏养老陪护的标准；其次，提供老年护理和日间照料服务的员工多为之前从事家政服务的人员，主要是 40～50 岁的农村劳动力，受教育程度普遍偏低。尽管通过一定时间的培训，这些员工的护理水平有所提升，但类似医疗护理等专业服务的提供仍然需要有职业资格的专业医师进行。而特定的心理辅导和陪护，也需要有特定资质的心理咨询师、社工师等。现有的服务队伍在素质上明显有所欠缺。

此外，养老服务从业人员收入相对较低，社会认可程度低，不可能像大医院中的医生、护士那样取得较高的收入和社会地位。因此，"留不住人"也是专业队伍建设的重要难题。由于不能带来较高的经济收入和较好的社会声望，优秀的人才不愿意从事这个行业；而一般性的人才则因为有其他行业的选择也会逐利而动。如何解决从业人员的"名"和"利"的问题，是人才培养和人才吸引的重要议题。

五 规范互联网养老的政策建议

互联网养老产品作为一种共享经济的业态，一方面体现了共享经济中的发展形态和问题形态；另一方面也体现了养老产业本身的问题。比如，互联网经济中的资本烧钱模式、"野蛮生长"的无序状态等，以及养老产业中服务标准设立、专业队伍建设等诸多问题。这些落到实处，都需要政策的统筹规划和顶层设计，以便于更好地解决。

1. 智能养老的本质是服务而非产品，政府需要转变观念，加强对智能养老服务体系的统筹安排

这需要政府转变观念，深化对智能养老模式的理解。对智能养老的理解不能局限于智能可穿戴设备，或者某个具体的智能产品的使用。应当更加充分有效地利用物联网等技术，统筹安排各项服务设施，系统性地发挥其作用，使养老服务智能化。因此，智能养老不仅是在"器物"层面更是在"观念"层面的创新。不仅需要养老基础设施的大规模建设，同样也需要更为切合实际的养老理念。这背后需要政府在政策制定过程中作出重大的转变与全盘的规划，推动并加深民众对于智能养老的认识。

2. 政府需增强政策的时效性和针对性，有效规约服务产品市场

良好的政策可以为企业提供有力的政策依托，廓清市场发展中的无序，为智能养老发展保驾护航。针对当前市场中缺乏相应标准，无序发展的状态，政府需要及时把握市场发展行情，并制定行之有效的措施。例如，规定智能养老服务企业的准入资质，规定医疗护理等具体服务的实施标准。针对智能养老背后体现的"互联网+"思维，可以考虑借鉴已有的网约车等规范政策，确保这一市场的平稳发展。

与此同时，还应考虑政策的前瞻性，为"互联网+智能养老"提供充足的发展空间。智能养老产业作为朝阳产业，借鉴了诸多当下"互联网+"思维中的成功要素，并吸纳了较多的社会资本，借着我国推动积极老龄化政策的东风，其发展势头不容小觑。因此，建立公开、公正、透明并具有前瞻性的法律法规体系，保障规范的养老服务企业准入，对于行业发展大有裨益。

有针对性和前瞻性的政策制定，不仅有利于智能养老产业，同样也适用于共享经济中的其他行业。总体而言，当前的共享经济仍然处于摸索中前进的状态，相应的法律法规只能同步完善。但不同的行业存在发展先后关系，借鉴已有经验，可以避免更多弯路。同时，企业也应当增强自律意识，自觉遵守法律法规，严格管控服务准入标准，提供优质、安全的养老服务。有了规范才能有更健康的行业发展。

3. 政府改变"管理"角色，提高"服务"意识

养老服务是个意义重大的民生工程，政府在既往实践中，对于相应的机构、企业进行了较多的干预和扶持。推进"互联网+智能养老"，离不开政策的推动和扶持。必须以信息建设为基础，以政府购买社会服务为主要推动力，这一点在公办民营和公建民营的福利院运行过程中体现得尤为明显。此外，在一些市场化运行的企业中，其主营项目和经营业绩也与政府购买服务密切相关，政府购买服务甚至成为其主要来源。

此外，关键仍然是大力培育社会组织和社会企业，简政放权，疏解政府压力。将政府主导与市场机制相结合。一方面，政府需改变其干预者的"管理"角色，将部分权力下放给社会和企业；另一方面，企业需依托已有扶植政策，提供多元化服务，拓宽自身发展空间，增强其造血功能，不能总是向政府要政策。

4. 增强部门间协调统筹

养老服务涉及民政、财政、卫生计生等诸多部门，因此养老服务的提

供也需要诸多部门联动合作。考虑到采用"互联网+"思维的智能养老企业所涉及的服务项目较为广泛，其中不乏非常专业化的医疗卫生服务等领域，在监督和规范过程中，难免涉及诸多部门间的职责重叠。因此，在政策实践中，需要统筹安排，完善顶层设计，避免出现部门间权责不清的问题。打破"条块"思维，建立专门针对养老服务提供的工作组、办公室等，由专人负责运营、牵头，从源头建立良好的服务机制和管理机制，确保平稳运行。

5. 加强服务队伍的建设，确保一支服务水平过硬的智能养老团队的运营

养老服务是一项专业的服务，而现有的服务团队中，具有专业资格的执业医师、护士等较为稀缺。因此，智能养老团队的建设需要做到几个方面：一是加大力度引进专业人才，提高其收入预期（简玉刚，赵姗姗，2016）。例如某些机构可以针对不同需求层次的患者提供特色化、个性化的服务，其签约合作的专业人士可以在兼职的同时，利用其专业技能获得较高的收入回报。第二，加大专业人员团队建设，考虑到当前市场中护工主要来源于以往家政服务人员，素质相对较低，因此可以考虑在相关的中高等职业院校中设置针对老年人的护理专业，制度性地培养人才，这样可以满足长期市场发展对护理专业人才的需求（穆光宗，2012）。第三，也是最重要的一点，就是扭转护理人员在社会公众中的角色和定位，应通过提高其收入来消除其对于生活水平的担忧；同时，广泛宣传其工作对于社会的意义，扭转公众对于护理工作的认知，使护理工作者也可以获得社会的普遍尊重，增强其职业认同感。

参考文献

于潇，孙悦（2017）：《"互联网+养老"：新时期养老服务模式创新发展研究》，《人口学刊》，39（01）：58-66。

孙畅，李鹤婷，颜艺澜，许娜（2019）：《智能养老的 SWOT 分析及发展路径》，《中国集体经济》，（25）：150-151。

陆杰华，郭冉（2016）：《从新国情到新国策：积极应对人口老龄化的战略思考》，《国家行政学院学报》，（05）：27-34。

邬沧萍，何玲，孙慧峰（2007）：《"未富先老"命题提出的理论价值和现实意义》，《人口研究》，31（4）：46-52。

穆光宗，张团（2011）：《我国人口老龄化的发展趋势及其战略应对》，《华中师范大学学报》（人文社会科学版），（05）：29-36。

龚雪会，阴金钊（2019）：《新时代"互联网+养老服务"模式探析》，《现代经济信息》，（01）：365。

龚娜，董潘敏，刘芬（2018）：《"互联网+"时代下智慧养老的创新发展》，《经济研究导刊》，（36）：42-43。

雷婷（2007）：《"阿里巴巴"发展历程及其B2B2C模式分析》，《西北第二民族学院学报》（哲学社会科学版），（02）。

闫志俊（2018）：《"互联网+"背景下智慧养老服务模式》，《中国老年学杂志》，38（17）：4321-4325。

刘静丽（2018）：《人口老龄化背景下"互联网+养老"模式探索》，《哈尔滨师范大学社会科学学报》，9（04）：41-44。

马广奇，陈静（2017）：《基于互联网的共享经济：理念、实践与出路》，《电子政务》，（03）：16-24。

刘奕，夏杰长（2016）：《共享经济理论与政策研究动态》，《经济学动态》，（04）：116-125。

谢志刚（2015）：《"共享经济"的知识经济学分析——基于哈耶克知识与秩序理论的一个创新合作框架》，《经济学动态》，（12）：78-87。

简玉刚，赵姗姗（2016）：《"互联网+"养老模式面临的挑战及对策研究》，《全国商情》，（24）：64-65。

穆光宗（2012）：《我国机构养老发展的困境与对策》，《华中师范大学学报》（人文社会科学版），51（02）：31-38。

郑志来（2016）：《共享经济的成因、内涵与商业模式研究》，《现代经济探讨》，（3）。

"Internet+" Intelligent Old-age Service and the Development of Integrated Platform Mode

Guo Ran, Wang Jing

Abstract：Along with the rise of all kinds of sharing economy with "Internet +" as the medium, the traditional mode of service for the aged is challenged by different industries, and at the same time, it also ushered in tremendous development opportunities. Under the current situation of rapid aging, the combination of traditional Old-age service mode and "Internet +" will become a new growth point of aged service supply and industrial development. Based on the investigation of Y-Company, an intelligent pension representative enterprise in Shanghai, this paper focuses on the integrated platform mode of the "Internet + Intelligent Old-age Service" mode, and tries to deduce its composition, form and development from point to point. In addition, the author tries to find out the problems existing in the current sharing economy and intelligent Old-age service model from the perspective of "Internet +" economy, and at the same time tries to put forward some suggestions to solve them.

Keywords: Rapid Ageing; "Internet +"; Old-age Service Mode; Integrated Platform Mode

（责任编辑：闫泽华）

公共供求理论视角下的残疾人
基本公共服务体系建设

——以 H 省为例*

肖　雪**

摘　要： 残疾人基本公共服务是发展残疾人事业的重要组成部分，也是保障残疾人权益的主要内容。基于公共供求理论，对 H 省残疾人基本公共服务现状进行了调查分析，结合残疾人基本公共服务的需求，总结了残疾人公共服务供给的不足与困境，主要表现在服务供给总量不足、服务供给存在非均衡性、服务供给方式缺乏创新、服务供给主体单一化。在上述分析的基础上，提出完善 H 省残疾人基本公共服务体系的路径，包括服务目标由满足基本生存型向社会发展型转变，服务主体由政府主导型向多元共建型扩展，服务导向由"家长分配型"向"需求服务型"变革，服务方式由机械化向信息化、智能化更新。

关键词： 残疾人　基本公共服务　公共供求理论

一　引言

新时代背景下，我国社会主要矛盾已经转变为人民日益增长的美好生活需要和不平衡不充分的发展之间的矛盾。我国目前有超过 8500 万的残疾人，他们由于生理或心理的缺陷，在发展自我、成就自我中，本身就处于弱势地位。但是，党和国家领导人多次强调，"全面建成小康社会，残疾人一个也不能少"（习近平，2016）。发展残疾人事业，满足残疾人需求，为残疾人提供基本公共服务，不仅是对残疾人本身的一种人文关怀，也是响

---

*　本文受国家社科基金青年项目"城市社区治理视阈下流动人口获得感提升策略研究"（项目编号：18CZZ028）的资助。

**　肖雪，湖南大学法学院博士研究生，研究方向为社会组织与社会治理、法治社会。

应国家政策号召的应有之义。

我国残疾人事业逐步由残疾人基本保障时代转向残疾人社会服务时代（谈志林，谈飞琼，2018）。这意味着不仅要解决残疾人基本生活问题，更要为残疾人提供更好的公共服务。残疾人基本公共服务不仅是政府公共服务体系的重要组成部分，也是保障残疾人合法权益、帮助残疾人分享经济社会发展成果、为残疾人平等发展创造便利化条件和友好型环境的主要途径（籍凤英，蒋柠，郭婷，2017）。因此，这就要求全面审视残疾人基本公共服务的现状，精准把握残疾人对基本公共服务的需求，通过比对需求与供给的差异，找到现有服务体系的不足，从而提出完善残疾人基本公共服务体系的建设性对策建议。

现有的研究大多只选取某一具体公共服务展开分析，难免造成研究的碎片化，目前还缺乏从整体性视角对残疾人公共服务进行观测的研究成果。本文基于国务院残工委领导、中国残疾人联合会组织展开的"全国残疾人基本服务状况与需求信息数据"，选取 H 省为观察区域，全面剖析 H 省残疾人基本公共服务状况，运用公共供求理论深入分析需求现状与供给差异，找出现存的供给困境，从而有针对性地探索完善 H 省残疾人基本服务体系的路径。

二　理论依据和研究设计

（一）研究的理论基础与分析框架

供求理论是经济学中的一个概念体系，其中以马克思供求理论影响最为深远。该理论研究了市场供给与需求的关系以及市场供求与市场其他要素之间的关系。可以说，供求的矛盾运动反映着社会劳动的分配是否合理，而在市场经济条件下，市场供求关系的作用客观存在，并且影响着市场机制的运行（温孝卿，2002）。马克思供求理论的提出，使人们认识到产品的供求关系对市场甚至对社会结构的深刻影响。而公共供求关系理论是一种研究社会公共需求与政府公共供给之间关系发展规律的理论，根据公共供求关系理论的观点，公共供给必须适应公共需要（李军鹏，2004）。根据该理论，残疾人基本公共服务的供给，也要从其对公共服务的需求出发。残疾人对公共服务的需求决定公共服务供给的基本要素，包括供给主体、供给内容、供给方式、供给范围、供给时间等。服务需求成为服务供给的源动力，以服务需求为导向的公共服务体系，为实现供求匹配的目的，其供给模式和运作机制可以根据不同的需求类型进行调整。残疾人从服务的客体转为服务权益主体，从被动接受变为主动诉求，甚至成为服务的监督者、评估者。从而逐步消除残疾人对于社会服务的无力感、疏离感和被动感，逐步建成高效、便捷、透明、民主的残疾人社会服务网络（谈志林，谈飞琼，2018）。

基于上述理论基础，采用定性与定量分析相结合的方法，对 H 省残疾人基本公共服务体系的需求与供给现状进行考察，探析目前残疾人基本公共服务体系供给状况现存的不足，根据残疾人对公共服务的需求，提出完善 H 省残疾人基本公共服务体系的发展建议。

（二）研究方法和数据来源

本研究数据来源于 H 省 2018 年残疾人基本服务状况与需求专项调查。该调查是由国务院残工委领导、中国残联负责组织实施，对持有第二代《中华人民共和国残疾人证》的残疾人进行的入户调查。2018 年 H 省残疾人联合会统筹安排，对全省 156 万持证残疾人进行了调查登记，并由第三方评估机构对数据质量进行把关，所收集的数据具有较强的科学性。

数据显示，本文的研究对象中，农村残疾人占全部残疾人的 84.25%，城市残疾人占 15.75%；男性占 61.46%，女性占 38.54%；从年龄结构来看，0~6 岁占 0.67%，7~15 岁占 2.83%，16~59 岁占 55.99%，60 岁及以上占 40.52%。

三 H 省残疾人基本公共服务的现状分析

基本公共服务是指建立在一定社会共识的基础上，根据一个国家的经济社会发展阶段和总体水平，由政府主导提供的，为保障全体公民生存和发展最基本需求的公共服务（肖丽琴，2012）。《"十三五"推进基本公共服务均等化规划》提出广大群众享有基本公共服务可及性显著提高的目标，并将残疾人基本公共服务单列为一章予以规定和保障，明确了包括残疾人教育服务、残疾人职业培训和就业服务等 10 个残疾人基本公共服务项目，包括困难残疾人生活补贴和重度残疾人护理补贴、无业重度残疾人最低生活保障、残疾人基本社会保险个人缴费资助和保险待遇、残疾人基本住房保障、残疾人托养服务、残疾人康复、残疾人教育、残疾人职业培训和就业服务、残疾人文化体育、无障碍环境支持。国务院残工委领导的全国残疾人基本服务情况和需求调查专项中，将残疾人基本服务也划分为几块，包括经济及住房、教育、就业扶贫、社会保障、基本医疗与康复、无障碍、文化体育。结合以上两种划分依据，遵循权威性、科学性、可研性原则，本研究所指的残疾人基本公共服务包括以下几个方面，并对 H 省残疾人基本公共服务现状进行分析。

（一）教育服务

教育是提高残疾人自我发展能力的关键因素（许巧仙，詹鹏，孙计领，2017），接受教育不仅是提升自我的重要方式，也是法定年龄人群应尽的法定义务。残疾人囿于生理或心理，接受教育的难度加大，政府有责任为其提供一定的支持，帮助其顺利完成义务教育，并鼓励其接受更高等的教育。虽然 2018 年 H 省残疾人识字率情况较为理想，达到了 79.42%，但是 H 省残疾人接受教育的整体情况并不理想，主要表现在以下几个方面。

一是整体学历水平偏低，以小学和初中学历为主，拥有本科及以上学历的比例不到 1%。二是适龄儿童未入学的比例较高。2018 年 6~14 岁未入学的残疾人数为 16123 人，约占该年龄阶段残疾人总数的 36%。而在未入学的原因中，71.91% 的残疾人是因为残疾程度较重，也存在无学校接收的情况（见表 1）。三是从受教育方式来看，H 省残疾人就读方式单一，以传统教育机构为主，其中，就读普通教育机构的比例达到 71.9%，仅 28.1% 的残疾人就读于特殊教育机构。

表 1　2018 年 H 省适龄残疾儿童（6~14 岁）未入学的原因情况

原因类型	人数（人）	百分比（%）
残疾程度较重	11594	71.91
家庭经济困难	1059	6.57
无学校接收	1111	6.89
交通不便	218	1.35
推迟入学年龄	1292	8.01
家长无意愿	849	5.27

（二）就业服务

残疾人由于身体功能受限或缺失，在劳动力市场上处于劣势，他们通常属于"最后被雇佣，最先被解雇"（Last hired, First fired）的群体（廖娟，2015）。为了保护残疾人的劳动权利，我国出台了保护和促进残疾人就业的政策法规，探索了一些新的残疾人就业形式，比如公益岗位就业、辅助性就业等。从 H 省的情况来看，残疾人的整体就业率偏低，2018 年仅38.04%的残疾人有就业。就业形式仍然比较单一，灵活就业人数最多，达到 57.13%，其次有 25.57%的人靠农村种养，辅助性就业、公益性岗位就业、个体就业比例都非常低，尚未形成多元化就业格局。对于未就业残疾人来说，接近一半的人主要靠家庭成员供养，生活来源欠缺其他途径的保障，未就业成为残疾人乃至残疾人家庭沉重的负担。

但是就业帮扶情况并不理想，在被调查的残疾人中，获得就业帮扶的比例只有 25.99%。就业帮扶形式集中在农业实用技术培训、职业介绍和职业技能培训，但是在未就业原因中，无就业技能仍然是重要原因之一。表示有就业帮扶需求的残疾人仍然较多，但是从已有的数据来看，残疾人就业帮扶需求未得到很好的满足，已有的就业帮扶形式也没有对残疾人就业产生有效的帮助。

（三）基本医疗和康复服务

基本医疗与康复直接关系到残疾人的健康，并且会影响残疾人社会功能的恢复。从调查的数据来看，H 省残疾人整体就诊情况良好，重度和中度残疾人就诊率分别达到了 64.70%、62.56%。但是农村贫困残疾人患病未就诊人数占比很高，究其原因，最主要的是经济困难，占比为 39.33%；就诊麻烦也是较重要的原因，占比为 11.60%。"没钱治病"依然是困扰残疾人的难题，而就诊麻烦也侧面反映相关的医疗设施和服务建设得还不是特别完善。H 省残疾人家庭医生签约率不到 50%，传统就诊模式是主要的医疗方式，对于多数残疾人来说，仍然要依靠自己或家人的力量，亲自前往社区诊所或医院就诊。

康复能够帮助残疾人恢复或补偿功能，是残疾人实现权利的基本条件和首要前提（邱卓英，郭键勋，杨剑等，2017）。

2017 年 H 省有康复服务需求的残疾人总数为 738917 人，2018 年的调查显示，获得过康复服务的残疾人只有 342186 人，康复服务需求满足率不到一半。在已知的原因中，不了解相关知识和信息是 H 省残疾人未得到康复服务的主要原因之一，说明相关部门宣传还不够到位，没有向残疾人普及相关知识和政策信息。此外，社区的康复服务建设也存在不足，全省范围内仅有 10.78% 的社区建有康复服务站。

（四）无障碍环境支持

无障碍环境建设不仅是便利残疾人行动的重要方式，也是社会文明程度的重要标志（吴蕴臻，2008）。无障碍环境一般包括物质环境和信息交流的无障碍，目前学界和实务界主要把关注点放在无障碍设施部分，因此，本文所指无障碍环境建设也是指无障碍设施。从社区无障碍设施建设来看，调查显示，H 省社区只有 27.94% 的社区有无障碍厕所或厕位，45.12% 的社区有低位服务柜台，且城镇地区的无障碍设施建造率要明显高于农村地区。从残疾人个体需求来看，全省有 37.88% 的残疾人表示有无障碍改造需求，但是进行过家庭无障碍改造的比例只有 3% 左右。尤其是厨房和卫生间改造是最主要的改造需求，但是在社区无障碍厕所或厕位覆盖率低，且残疾人家庭无障碍改造率也低的情况下，可以看出残疾人无障碍环境支持方面的服务亟待提升。

（五）文化体育服务

残疾人体育既是残疾人康复健身、平等参与社会、实现自身价值的重要途径，也是促进社会文明进步、弘扬自强不息的民族精神的重要推动力量（肖丽琴，2012）。但是 H 省残疾人的文体活动参加率较低，只有 10% 的残疾人经常参加村（社区）组织的文化体育活动。大多数残疾人表示场所的欠缺和文化体育活动的单一性是导致其不能经常参加村（社区）组织的文化体育活动的主要原因，此外，没有适合的场所和设施也是重要原因之一。从社区的调查数据来看，只有 22.78% 的社区组织过残疾人参加文体活动，有一半左右的社区没有文化（体育）活动中心，尤其是农村地区，残疾人所在的社区有文化（体育）活动中心的覆盖率更低。

（六）社会保障

残疾人社会保障体系主要由社会救助、社会保险和社会福利构成（周林刚，2011）。分析发现，H省76.22%的残疾人获得了社会救助，其中以医疗救助为主，特困人员救助供养（城乡集中或分散）、其他救助（教育救助、住房救助、就业救助和其他临时救助）占比较少。社会保险覆盖率高，养老保险和医疗保险覆盖率分别达到了70%和80%以上。但是只有57.26%的残疾人获得了社会福利补贴，二级残疾人获得社会福利补贴的比例最大，残疾人福利补贴率并没有随残疾程度等级的加重而提升。此外，只有5.51%的残疾人表示享受了托养服务，仅8.38%的社区有托养服务日间照料机构，11.88%的社区定期提供居家托养服务。但是有44.54%的残疾人有托养需求，托养服务供需之间存在较严重的失衡。

四　H省残疾人基本公共服务的供给困境

（一）服务供给总量不足

总体来看，H省残疾人基本公共服务覆盖率不足，部分服务供需之间存在较大的差距。比如就业帮扶、无障碍改造、托养和康复服务等，大多数残疾人明确表示了对这类服务的需求，但是供给没有很好地满足需求。此外，对于一些政策保障类的服务，覆盖率还存在一定的缺口，比如我国明确要求社会保险参保率，虽然参保率已经处于一个较高的水平，但是仍然无法达到90%甚至100%的覆盖。再比如社区康复服务中心的覆盖率较低，而云南某区，残疾人康复中心的覆盖率已经达到了60%（李令岭，刘垚，敖丽娟，2017）。最后，从调查中发现，没有提供相应的服务场所、服务设施是残疾人未享有部分服务的主要原因，比如没有学校接收适龄残疾儿童入学、没有适合的文体活动项目等，说明残疾人服务供给总量仍然存在缺口。

（二）服务供给存在非均衡性

公共服务强调均等性，但是通过上述分析发现，H省残疾人基本公共服务存在明显的非均衡性。首先，不同类型服务的供给情况存在显著差异。在所有的公共服务中，社会保障类服务的覆盖率是最高的，尤其是社会保险的参保率，近年来都维持在一个较高的比例，但是无障碍改造、文体公共服务供给情况较差。康复、托养服务需求量大，但是需求满足率很低。其次，不同类型残疾人的服务供给情况也不一样。比如农业户口残疾人获得康复服务的覆盖率低于非农户口残疾人，农业户口残疾人获得就业帮扶的比例要高于非农户口残疾人，重度残疾人获得无障碍改造服务的人数要高于其他等级残疾人等。最后，这种非均衡性还表现为地区间的差异，即 H 省各市州在各基本公共服务中的供给情况差异显著。比如就业率，最低的不到 30%，最高的超过了 40%。

（三）服务供给方式缺乏创新

H 省残疾人基本公共服务的供给方式不够灵活，较为单一和传统。由于残疾人类型复杂多样，需求也纷繁复杂，但是现有的公共服务供给体系并没有从需求的角度出发，采取更具灵活性的方式。比如提供的就业帮扶服务中，主要以传统农业技术培训和职业介绍为主，这些方式虽然能在短时间内帮助残疾人解决就业问题，但是很难保证就业的稳定性和长效性。实际上，对资金信贷扶持的人数并不少，而将近一半的残疾人表示需要"其他"类型的就业帮扶。此外，残疾人之所以不能经常参加文化体育活动，大多数人表示是因为没有适合的活动项目和适合的场所及设施。残疾人有不同等级程度的残疾，导致生理缺陷的原因也各不相同，而如果公共服务供给的方式过于单一和机械化，就无法根据残疾人的个性化需求提供有针对性的服务。这不仅不会提高服务效能，反而可能会浪费公共服务资源。

（四）服务供给主体单一化

残疾人作为弱势群体，其基本公共服务需求的满足主要依赖于政府的扶持。但是从 H 省的情况来看，政策支持力度稍显不足。比如对于未入学适龄残疾儿童，其原因除了自身残疾程度较重外，家庭经济困难、无学校接收也是其中的重要原因之一，而这些都是可以通过政府的帮扶有效解决的。此外，政府的政策普及力度也不够，残疾人本身在知识储备、收集信息方面就存在一定的障碍，如果政府尤其是基层政府没有及时宣传普及，很容易导致信息不对称，残疾人接收不到相关的政策内容，就无法去申请或者享有相关的服务，比如康复服务、托养服务等。"不了解相关知识和信息"成为残疾人未获得服务的主要原因。残疾人服务最终要落实到社区，但是从目前情况来看，社区的康复服务、托养服务机构数量不足，社区无障碍设施建设滞后，社区也甚少组织公共文化体育活动。残疾人的身体和心灵都无法得到很好的看护和照顾。

在政府"缺位"时，其他的社会力量也未能及时补充。比如对于未就业、缺乏社会生存技能的残疾人来说，主要生活来源是家庭供养。残疾人就业形式中，公益性岗位的就业比例也较低，说明社会承载残疾人服务的支持力度不足，残疾人服务主要依靠原生家庭或者政府救济。

五 完善 H 省残疾人基本公共服务体系的对策建议

（一）转变服务目标：由满足基本生存型向社会发展型转变

根据马斯洛需求理论，人的最底层需求是物质需求，即拥有基本生活的能力。保障基本生活，也是残疾人公共服务的基本要求。随着我国经济的发展和国家政策扶持力度的加大，H 省残疾人在基本社会保障下，大多能够维持基本生活。但是，要实现人的全面发展，不仅需要物质基础，残疾人同样拥有对美好生活的向往，实现自我、成就自我、发展自我，是每一个人的天然追求，也是每个人与生俱来的权益。完善残疾人基本公共服务体系，要进一步提升目标追求，不仅要为残疾人的衣食住行提供保障，也要为其提供有利于自我发展的多元服务，比如文化体育类服务、更高层次的教育服务，让其在接受教育、参加文体活动中发现自己的特长，获得心灵上的修复，更好地融入社会中。

（二）扩展服务主体：由政府主导型向多元共建型扩展

残疾人是一个数量庞大的特殊群体，在我国，主要由政府承担着为残疾人提供基本服务的职责，虽然也有公益慈善组织等社会力量参与进来，但是与残疾人服务需求总量相比，社会组织承接力度不足，目前仍然是政府主导。但是残疾人服务职责被碎片化地划分到各政府职能部门，缺乏统一的协调机构，残疾人联合会作为代表残疾人的群团组织，又面临着权责有限的窘境。残疾人服务诉求与政府供给能力不足之间的矛盾，致使这种政府主导的服务供给模式显示出一定的局限性。党的十九大明确指出，要打造"共建共治共享"的社会治理格局，残疾人服务作为社会服务的重要组成部分，也是社会长治久安的题中之义。共建共治共享首先意味着参与主体的多元性，残疾人服务不仅是政府的职责，也是关系国家和社会发展的重要因素，与每一个个体、组织的命运都息息相关。

因此，首先，政府部门要层层落实好政策，积极为残疾人谋福利，在残联的配合下，做好残疾人服务工作，社区等基层单位在公共建设、公共服务中要多为残疾人考虑，为他们提供更多的便利。其次，企业要承担起应有的社会责任，为残疾人提供就业岗位，设立专项扶持基金，组织技能技术培训等。再次，公众也不能置之度外，态度上要友好，生活中要积极帮助生理或心理障碍的残疾人，接纳他们参与到社会活动中来。残疾人自己更是要自立自强，不能放弃自我，努力提升自身能力，积极融入社群，以更加积极的心态发展自我。残疾个体只有对自己有正确、不偏激的认识，才能以更好的状态融入社会、进行生活（兰继军，刘彤彤，2018）。最后，还可以通过建立帮助残障者回归社区的自立生活中心（the Center for Independent Living，CIL）（Okin，2014），为残障者提供资源链接、同辈支持和个人生活技能训练等援助，并进行政策倡导（谭磊，2018）。

（三）变革服务导向：由"家长分配型"向"需求服务型"转变

"全能型政府"模式下，公共服务由政府统一分配，受益人作为服务客体，只能被动接受。虽然这样的模式能尽量保证服务配给的公平，但是也容易因供需不平衡而导致资源的浪费和配给的偏斜。在建设"服务型政府"的背景下，要求政府多倾听公众的声音，以回应需求为服务导向。残疾人服务更应如此，由于残疾人本身具有特殊性、复杂性，其对服务的需求类型、程度也具有多样性。因此，应该转变"一刀切"的家长分配型服务模式，针对残疾人的切实需求，制定个性化、专业化、多元化的服务供给方案，服务主体、服务方式、服务目标等要素都可以根据具体需求进行灵活调整。此外，可以借助市场化的方式，实现服务的效益转换，而不是慈善型的单方面输血，通过市场化运作，为残疾人服务造血，让残疾人也可以通过自己的努力回报社会、回报市场，形成良性循环。

除了残疾人明确表示的服务需求以外，还要从其未获得服务的原因出发，找到目前公共服务体系中存在的不足。比如残疾人未就诊、没有参加文体活动的原因分别是什么，通过残疾人的表述和回答，也可以获知这些回答背后暗含的残疾人服务需求。因此，必须转变过去分配式服务模式，从残疾人切实的需求出发，提高残疾人公共服务的质量和效率，避免公共服务资源的浪费。

（四）更新服务方式：从机械化走向信息化、智能化

在过去，过度标准化的服务也抹杀了服务提供者在服务提供中的创造

性和自主性（崔佳良，荀康伟，2017）。新时代残疾人的服务导向既然是"需求"，那么，服务方式也应转变过去机械化、流水线生产的模式，强调高效性、创新性。比如送教上门服务，可以借助网络平台，采取远程教育的模式提供教育服务。就业帮扶也可以转变传统的职业技能培训，增加电子商务等信息技术类培训，利用信息技术弱化甚至克服残疾人生理缺陷带来的不便，让他们坐在电脑前就可以办公。尤其随着互联网时代的到来，"互联网+"思维深入人心，为残疾人提供公共服务也可以"互联网+"为指导理念，发挥网络平台的媒介作用。比如搭建残疾人就业信息资源库，实现资源库与互联网企业平台的对接，并及时更新、完善残疾人就业信息（何巧源，2018）。还可以借助相关的信息技术，实现残疾人服务供需匹配。比如通过互联网对残疾人的就业能力状况进行记录和分析，给出相应的岗位建议（何巧源，2018）。如此，确保残疾人与工作岗位实现"人岗匹配"，既能发挥残疾人的职业技能，又能确保其胜任工作岗位，实现经济社会效益的良性循环。

参考文献

习近平（2016）：《全面建成小康社会，残疾人一个也不能少》，人民网，http://www.gov.cn/fuwu/cjr/2016-07/29/content_5124019.htm。

谈志林，谈飞琼（2018）：《构建残疾人事业3.0时代——从基本保障到社会服务》，《残疾人研究》，（03）：43-50。

籍凤英，蒋柠，郭婷（2017）：《我国残疾人基本公共服务标准体系研究》，《残疾人研究》，（03）：3-12。

温孝卿（2002）：《马克思供求理论研究》，《商业研究》，（06）：1-6。

李军鹏（2004）：《公共服务型政府》，北京：北京大学出版社。

肖丽琴（2012）：《公共供求理论视域下残疾人体育公共服务体系研究——以浙江省为例》，《体育科学》，32（03）：17-27。

许巧仙，詹鹏，孙计领（2017）：《残疾儿童教育服务需求特征与供给优化研究——以N省为例》，《现代特殊教育》，（12）：69-75。

廖娟（2015）：《残疾人就业政策效果评估——来自CHIP数据的经验证据》，《人口与经济》，（02）：68-77。

邱卓英，郭键勋，杨剑，等（2017）：《康复2030：促进实现〈联合国2030年可持续发展议程〉相关目标》，《中国康复理论与实践》，23（4）：373-378。

吴蕴臻（2008）：《论残疾人无障碍环境建设现状与对策》，《江苏科技信息》，（09）：34-36。

周林刚（2011）：《残疾人社会保障体系与公共服务体系建设研究》，《中国人口科学》，（02）：93-101，112。

李令岭，刘垚，敖丽娟（2017）：《我国残疾人社区康复存在问题与发展探讨》，《中国康复医学杂志》，32（02）：213-216。

兰继军，刘彤彤（2018）：《残疾人的残疾态度、心理健康与主观幸福感的关系研究》，《残疾人研究》，（02）：86-91。

谭磊（2018）：《美国精神残障者"回归社区"照顾机制失灵的困境与启示》，《残疾人研究》，（03）：84-91。

崔佳良，荀康伟（2017）：《香港社会服务质量标准的监察制度——以残疾人服务为例》，《残疾人研究》，（03）：22-27。

何巧源（2018）：《"互联网+"时代下民族地区残疾人就业援助研究》，《残疾人研究》，（02）：61-67。

Okin, Robert L. (2014). *Silent Voices: People with Mental Disorder on the Street*, Golden Pine Press.

Research on the Construction of Basic Public Service System for Disabled from the Perspective of Public Supply and Demand Theory—A Case Study of H Province

Xiao Xue

Abstract: The basic public services for the disabled are an important part of the development of the cause of the disabled, and also the main content of protecting the rights and interests of the disabled. Based on the theory of public supply and demand, this paper investigates the current situation of basic public services for the disabled in H Province. Combining with the demand of basic public services for the disabled, it summarizes the deficiencies and dilemmas of the provision of public services for the disabled, which are mainly manifested in the insufficiency of the total supply of services, the unbalanced supply of services, the lack of innovation in service supply modes, and single main body of service supply. On the basis of the above analysis, this paper puts forward the ways to improve the basic public service system for the disabled in H Province, including the transformation of service objectives from satisfying the basic survival type to social development type, the expansion of service subjects from government-led type to multi-construction type, and the transformation of service orientation from "parent distribution type" to "demand based service type", and updating the mode from mechanization to informatization and intellectualization.

Keywords: Disabled; Basic Public Services; Public Supply and Demand Theory

（责任编辑：林顺浩）

基于政策网络理论的食品安全监管政策变迁

赵荷花[*]

摘　要： 新中国成立以来，我国食品安全监管政策经历了70年的发展演变，其政策历经各种调整、完善。有效认识食品安全监管政策变迁背后的机理，探寻影响政策变迁的要素，成为理解食品安全监管政策变迁的关键。基于政策网络理论分析得出，食品安全政策的变迁与政策网络结构及其互动关系有关。政策共同体、府际网络、生产者网络、议题网络以及专业网络之间不同程度的互动，影响食品安全政策变迁的轨迹。

关键词： 食品安全监管　政策变迁　政策网络

一　问题提出与文献回顾

随着中国经济的发展，人民的物质生活得到极大改善，人们不仅需要足够数量的食品饱腹，更需要高质量的食品保健康，所以食品安全问题在我国变得十分重要，成为党和国家治理的重要问题。党的十八大以来，以习近平同志为核心的党中央非常重视食品安全问题，以确保人民群众的食品安全。2017年国务院出台的《"十三五"国家食品安全规划》将食品安全问题上升到国家战略层面，并赋予其公共安全的定位。十九大召开，再次强调"食品安全战略，让人民吃得放心"。但我国食品安全事件仍频繁发生，各种食品存在许多安全隐患，人民群众的食品安全依然面临极大的风险与挑战，无法满足人民"吃得放心、吃得健康"的热切期待，引发社会的广泛重视。

目前，学界对食品安全监管的研究主要侧重于监管制度、困境以及绩效评估等方面。在监管制度方面，周应恒等学者主张从调整监管体制、优

---

[*]　赵荷花，厦门大学公共政策研究院博士研究生，研究方向为公共政策、政府规制、地方治理。

化监管机制以及完善监管保障体系来创新食品安全监管制度，促进食品安全监管绩效的提升（周应恒，王二朋，2013）。在监管绩效评估方面，刘鹏通过对 1990 年以来的我国食品安全政策作出实证评估，指出我国食品安全形势沿着 V 形曲线发展，并提出从管理主体、管理主体与对象关系、管理工具、管理能力等方面来优化我国食品安全监管绩效（刘鹏，2010）。在监管困境方面，马英娟指出，因受食品安全问题的复杂性以及成本等因素影响，单一制机构体系在解决多部门监管方面存在一定的制约和局限性，加强部门间的合作，增强综合协调机构的权威性方能摆脱监管困境（马英娟，2015）。显然，以上研究主要是从食品安全监管政策外生机制入手，而较少有研究关注食品安全监管政策形成的内生机制。已有关于食品安全监管政策内生机制的研究主要是基于历史制度主义分析方法来进行分析。胡颖廉采用历史制度主义分析方法，构建"环境—目标—制度"分析框架来探寻食品安全监管政策变迁路径，并提出从优化市场、加强政监管、构建社会共治网络三方面来保障食品安全（胡颖廉，2016）。颜海娜和聂勇浩基于诺斯的制度变迁理论，指出制度环境、制度变迁的成本与收益以及路径依赖是推动食品安全体制变革的原因（颜海娜，聂勇浩，2009）。

政策网络作为一种新型的政策分析工具，关注网络的构建过程和行动者策略等要素，融合了传统政策"自上而下"和"自下而上"的模式，拓展了食品安全监管政策分析的维度，强调了多元利益主体之间的资源互赖和利益博弈对政策制定、执行以及结果的影响。为此，本文立足于政策网络视角，对新中国成立以来食品安全监管政策进行学理性分析，揭示我国食品安全监管政策变迁的动因，为未来我国食品安全监管政策的发展提供依据，有效促进食品安全治理能力的提升。

二 分析工具：政策网络理论

（一）政策网络理论的基本内容

20 世纪 80 年代以来，政策网络成为西方国家在公共管理和政策科学领域重要的分析视角和研究工具。但是有关政策网络理论的准确定义，各学者众说纷纭。以赫克罗（Hugh Heclo）等为代表的美国学者认为，从微观层面来理解，认为政策网络是围绕政策问题而形成的非正式网络，主要是处理各行动者之间的关系（Heclo，1978）。在贝森（K. J. Benson）看来，政策网络是政府和利益集团之间因资源的相互依赖而形成的互动关系（Benson，1982）。概而言之，就是指政府和其他行动者因信念和利益而形成的非正式的联系（杜兴洋，裴云鹤，2016）。以阿特金森（Michael M. Atkinson）、科莱曼（William D. Coleman）为代表的学者，从中观的组织结构层面来界定政策网络，认为政策网络的核心是处理官僚机构与关键行动者在部门层面上的关系（Atkinson，Coleman，1989）。此外，也有部分学者从宏观视角来理解，将政策网络看作官僚制、市场制之外的第三种公共治理模式，通过综合利用各种资源来解决政府与市场失灵问题（杜兴洋，2015）。国内学者任勇指出，"政策网络是政府与其他利益相关者之间建立起来的互动的制度模式"（任勇，2005）。由此可见，政策网络主要集中于探寻政策主体相互关系及其互动形成的关系结构（冯贵霞，2014）。

在政策网络理论看来，政策的各参与主体对政策的制定、执行发挥着重要作用，而政策网络就是各方利益主体在政策运行中动态博弈的分析框架（范永茂，2018）。为此，在政策变迁过程中，我们需把握各行动者之间的互动网络关系。"政策的制定、执行以及政策变化均受到由相互依赖的主体所形成的政策网络的塑造"（朱亚鹏，2013），各行动者与制度的相互作用，从而导致政策结果的变化，最终实现政策变迁。

总体而言，政策网络作为政策过程的分析工具，以政策行动者的互动关系为政策分析的逻辑起点，基于网络化的视角分析政策变迁过程。罗茨等根据权力的相互依赖关系与各主体间的利益诉求，以"成员及其关系""成员数量控制""垂直的相互依赖""平行意见依赖""资源分配"5个标准，将政策网络分为5种类型：政策共同体、专业网络、府际网络、生产者网络和议题网络（Rhodes，Marsh，1992）（见表1）。

表 1　政策网络的分类模型

网络类型	网络特征
政策共同体	成员高度稳定且数量非常有限、垂直性相互依赖、有限的平行沟通
专业网络	成员稳定，数量非常有限、垂直性相互依赖、有限的平行沟通、服务于专业团体的利益
府际网络	成员有限、垂直性相互依赖有限、广泛的平行沟通
生产者网络	成员流动变化大、垂直性相互依赖有限、广泛的平行沟通
议题网络	参与者人数多但不稳定、垂直性相互依赖有限

（二）食品安全监管政策网络结构类型

食品安全监管问题错综复杂，其政策的调整涉及众多的利益相关者。在政策运行过程中，中央政府、全国人大、全国政协、地方政府及相关机构、食品生产者、食品加工、包装企业、食品领域的专家学者、消费者、大众媒体等不同利益团体凭借自身拥有的资源参与到政策的制定、执行等环节，并通过彼此之间的互动博弈促进自身利益和目标的实现，进而影响政策变迁。借鉴罗茨的政策网络分类模式，食品安全监管政策变迁中各行动主体可做如下划分，具体见表2。

表 2　食品安全监管政策行动者及其对应网络

议题网络				新闻媒体、民众、社会组织
	生产者网络			食品生产者、经营者
		府际网络		地方政府及其职能部门（质检、工商、卫生、农业等）
			专业网络	专家学者、科研机构（中国食品药品检定研究院、中国检验检疫科学研究院食品安全研究所等）
				政策共同体　中央政府及职能部门（质检、工商、农业、卫生、食品安全委员会等）、全国人大、全国政协

1. 政策共同体

政策共同体涉及全国人大、全国政协、中央政府及其下属的国务院食品安全委员会、国家食药监管总局、国家质检总局、国家卫计委及国家工商总局等部门。这种网络的垂直依赖性强，平行沟通相对有限，整合能力较强（陶学荣，2006）。在食品安全监管政策的运行过程中，这些政策行动者凭借自身的政治权威，在食品安全监管政策网络中占据主导地位。

2. 专业网络

专业网络主要有食品安全领域的专家、智库、研究机构等。例如：中国食品药品检定研究院、国家药品监督管理局食品药品审核查验中心等全国性研究机构。它们凭借其专业知识和技能在食品安全监管政策运行中拥有特殊话语权。专业网络的垂直依赖性比较强。

3. 府际网络

府际网络主要涉及各级地方政府以及相关的职能部门。在这网络中横向联系比较广，但纵向的相互依赖和沟通相对有限。府际网络中各级政府不但要落实中央层面的政策，而且还需在中央政策价值导向下制定出符合本地实际情况的政策。各级政府及职能部门与生产者网络密切相关，并对其实行监管。但地方政府，出于理性经济人动机，在食品安全监管过程中，不可避免地从自身利益出发对食品安全监管政策进行"选择性""变通性"执行，并影响着政策的最终结果。

4. 生产者网络

生产者网络主要是指食品安全监管政策中的食品生产者、经营者等。生产者网络中的成员流动性比较强，对成员的数目也没有严格的限制。食品生产者、经营者与政府的关系是紧密相关、相互依赖的。政府和这些利益团体会从各自利益出发，相互进行调和，进而影响政策的结果。

5. 议题网络

议题网络主要是由民众、社会组织、新闻媒体组成。相对而言，议题网络中的参与者人数比较多、流动性较强、纵向的相互依赖关系很有限、平行的沟通联系整合比较弱，各成员之间因价值取向、所拥有的社会资源不同难以形成有效统一的利益表达机制，对政策效果的影响相对有限。

三 食品安全监管政策变迁的表征

公共政策一般需要经历相当长的时间演变才能发现其变迁规律，正如美国学者保罗·A. 萨巴蒂尔所言，正是经历较长的时间段，政策才能实现从政策制定、执行到修正的循环演变，并且能对政策运行效果进行合理的描述（萨巴蒂尔，史密斯，2011）。食品安全监管政策自新中国成立以来就开始实施，经历了几十年的缓慢变迁。依据其政策变迁的特征，将其划分为以下几个阶段。

（一）食品安全监管政策的形成阶段（1949~1979年）

新中国成立后的30年，食品假冒伪劣现象较少发生，出现的食品安全问题大多是因食品卫生而引发的食品中毒事件。此阶段，我国实施计划经济下的高度集中的行政管制，食品安全监管主要由政府单方面负责，以行政力量进行防控，避免出现食品安全问题。

为了有效解决食品卫生和食品中毒造成的食品安全问题，中央政府于

1950 年成立了第一个食品检验机构——中央人民政府卫生部药品食品检验所，制定食品卫生标准，并对食品进行安全检测。随后卫生部制定了一系列食品卫生标准和管理条例，如针对我国因冷饮卫生问题而引发的食物中毒、肠胃疾病等食品卫生事件频发，卫生部于 1953 年出台了《清凉饮食物管理暂行办法》，该办法成为新中国成立以来的第一部食品卫生规章（倪楠，徐德敏，2012）。随后，为了确保食品卫生管理工作的有效展开，1953 年国务院批准在全国各省、各县市建立卫生防疫站，自此，我国建立起以卫生防疫站为主导的食品卫生检验和管理体系。随后几年，针对我国各地频繁发生的食品卫生问题，卫生部联合其他部门又陆续出台了一系列食品卫生检验标准和管理规定，如 1956 年的《有关饮用水的标准卫生规程》，1959 年的《肉品卫生检验试行规程》；1960 年的《食用合成染料暂行管理办法》等（倪楠，舒洪水，荀震，2016），来保障人民群众的食品安全。1965 年，国务院转发了《食品卫生管理试行条例》（汪全胜，2016），并明确指出，为了促进食品卫生管理工作的改善，提出制定食品卫生标准、确定食品管理的具体细节，并建立相应的惩罚以及责任机制，将我国食品卫生管理工作提升到新的发展水平。至此，我国食品安全管理模式开始形成。

（二）食品安全监管政策的法治化阶段（1979~2003 年）

改革开放以后，食品市场发展迅速，出现了许多新的食品安全问题，如假冒伪劣以及街头食品卫生问题日益突出等，食品卫生管理与食品卫生法制建设需求日益迫切。

为此，我国政府于 1981 年 4 月启动《食品卫生法（草案）》的起草工作，1983 年《食品卫生法（试行）》正式实施。该法案的颁行推动我国食品卫生工作从行政管理步入法制建设阶段。为了尽快贯彻和落实《食品卫生法（试行）》，国务院以及各地食品卫生主管部门相继颁行了一系列法律法规和行政规章，如《禁止食品加药管理办法》《食品广告管理办法（试行）》等，建立健全食品卫生监督组织体系，加强人员队伍建设。随后，1987 年启动了《食品卫生法》的修订工作和《食品卫生法实施细则（草案）》的起草工作，以应对新时期我国食品卫生管理的法制需求。1995 年 10 月，经过 8 年的实地调研和研讨，汇集社会各界人士的建议和意见后，吸取《食品卫生法》10 余年的试行经验，《食品卫生法（试行）》的修订案在全国人大审议通过。1995 年 10 月 30 日，新的《食品卫生法》开始正式实施。该法有效完善了原有的《食品卫生法（试行）》。它将食品卫生监督的职责由县级以上卫生防疫站或食品卫生监督检验所调整至县级以上卫生行政管理部门，并且具体将食品卫生监督职责划归卫生行政部门（王汉松，陈文，孙梅，2009）。

（三）食品安全监管政策的合作共治阶段（2004~2018 年）

随着我国食品卫生形势日益复杂严峻，食品卫生问题已经关乎人民群众的生命安全，威胁到国家的公共安全。这一时期，国家对食品安全监管政策从宏观、顶层方面进行调整，实现政府跨部门的合作治理，并引导专家、学者以及普通民众等共同加入。

为了进一步完善《食品卫生法》，以有效处理日益严峻的食品安全问题，2004 年国务院发布了《国务院关于进一步加强食品安全工作的决定》（国发〔2004〕23 号）。为此，国务院法制办还专门成立"食品卫生法修改领导小组"，来修改和完善《食品卫生法》。随后，《食品卫生法》修改领导小组多次奔赴全国各地开展实地调研，收集有关食品安全问题的资料。在此背景下，国务院法制办和全国人大教科文卫委员会等相关部门的工作人员在反复研究各方意见的基础上，对《食品卫生法》（修订草案）进行修改和完善。2008年，在全国两会召开之际，专家、学者以及普通民众通过网络、新闻媒体以及研讨会等方式向"食品安全法草案"提出建议。2009 年，《食品安全法》开始实施，"明确了在现有分段监管体制的基础上，由国务院设立食品安全委员会，以加强对各部门的协调、指导"。随后，2010 年国务院食品安全委员会建立，着手对全国食品安全进行综合协调与监督指导。此外，接连发布《餐饮服务许可管理办法》《食品添加剂新品种管理办法》等部门规章，逐步健全了食品安全标准体系建设，提高了食品安全进入的标准。为了推动信息公开，鼓励社会对食品安全的监督与参与，2010 年 10 月，由卫生部等 6 部门联合颁布了《食品安全信息公布管理办法》，提出对食品安全信息进行分类，并主张建立食品安全信息公布机制（曲丽，2013）。

2013 年，国务院对政府机构和职能进行改革，并通过了食品安全监管体制机构改革方案，将质检、工商和食药监等部门监管职责合并，调整为由国家食品药品监督管理总局对食品生产与经营活动进行监管。2014 年，新的《食品安全法（修订草案）》审议通过，进一步强化了食品安全风险管理，并对生产、销售、餐饮等环节实施全过程监管，严格监管处罚制度，增加网络食品监管，建立惩罚和责任机制，引导消费者、普通民众、新闻媒体等主体参与到食品安全监督中，形成社会共治格局（余聪，2016）。2015 年，新修订的《食品安全法》正式施行，对食品安全实施有史以来最严格的监管，并在社会上引发巨大反响。随着网络订餐等新业态食品安全监管形式的出现，2017 年 9 月，国家食品药品监督管理总局颁布了《网络餐饮服务食品安全监督管理办法》，来细化网络食品安全规制问题。党的十九大召开，再次强调"食品安全战略，让人民吃得放心"，高度重视食品安全规制问题，并成立了国家市场监督管理总局，对食品安全进行统一监管。

四 食品安全监管政策变迁的政策网络分析

食品安全监管政策从新中国成立之初至今，经历了几十年的发展缓慢变迁。从表面上看，我国食品安全问题的频频爆发是我国食品安全监管政策变迁的直接因素。但影响政策变迁的内在因素究竟是什么？这些因素如何影响政策的制定、执行，从而影响政策结果的变化，推动政策变迁？为此，笔者立足于政策网络视角，从食品安全监管政策的内生机制剖析政策变迁的内核。

（一）食品安全监管政策变迁的解释框架

食品安全监管政策涉及诸多利益主体。其政策变化是由拥有不同资源的各利益主体互动博弈的结果。众多利益主体互动博弈，形成不同类型的政策网络。各类型网络之间的相互作用进而推动了食品安全监管政策变迁。为此，在借鉴罗茨的政策网络分析模式的基础上，构建了食品安全监管政策变迁的分析框架（见图 1）。

（二）食品安全监管政策网络及政策变迁趋势

1. 政策网络边界由封闭逐渐走向开放

一般而言，政策网络边界的开放性主要包括其他政策群体进入程度以及这些政策群体拥有话语权程度。从我国食品安全监管政策的变迁历程可以看出，食品安全监管政策网络边界逐渐向开放的方向发展。

在食品安全监管政策的形成阶段，我国处在计划经济时代，实行高度集中的行政管制。中央政府及相关职能部门、全国人大、全国政协凭借其自身拥有的政治权威及合法性成为政策权力的中心，在公共政策的制定、

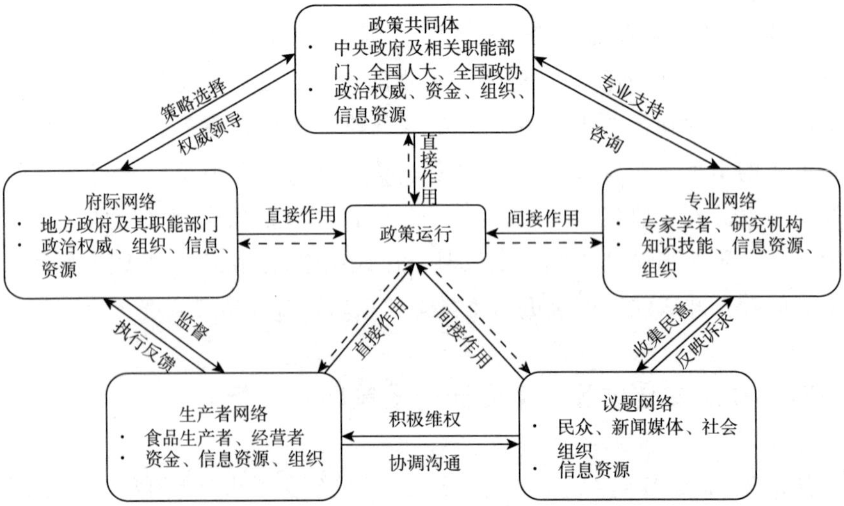

图 1　食品安全监管政策变迁的网络分析框架

执行等过程中占据绝对的主导地位。在此阶段，几乎所有的食品安全监管标准的制定和执行都集中于国务院及卫生部门，其他政策网络主体几乎很少参与进来，也不具有政策话语权。随着国内经济体制改革以及社会主义市场经济的发展，食品市场迅速发展，社会各主体借此获得一定发展空间，拥有一定的自主权。而在政府内部，以卫生部门为主的食品安全监管体制因自身权责有限，加之食品安全问题严峻复杂，无法对食品安全进行有效监管，为此，在政策共同体内部出现权力逐渐分化的趋势。2004 年国务院发布了《国务院关于进一步加强食品安全工作的决定》（国发〔2004〕），明确"按照一个监管环节由一个部门监管的原则，采取分段监管为主、品种监管为辅的方式，进一步理顺食品安全监管职能，明确责任"。至此，农业、质检、工商、卫生、食品药品监管部门等都参与进政策网络结构，并各自拥有一定的政策话语权。此外，生产者网络、专业网络的作用逐步强化。随着食品市场的迅猛发展，食品生产者、经营者获得了相当大的发展空间，并凭借自身拥有的大量信息资源对食品安全监管政策施加影响。专业网络也逐步受到重视，凭借自身拥有的知识、技能以及信息资源，在政策网络中拥有一定的政策话语权。为了对《食品卫生法》进行完善，国务院法制办和全国人大教科文卫委员会等相关部门的工作人员邀请食品行业等领域的专家进行研究与交流，在综合各方意见的基础上才对《食品卫生法》作出修改。由此可见，专业网络在为政府提供决策咨询与参考意见、解释与宣传等方面发挥着重要作用。

与此同时，中央政府开始将焦点转向与民众建立沟通协商话语体系，满足人民对食品安全的利益诉求，议题网络也逐渐显现。针对食品安全监管体制问题，2008 年，在全国两会召开之际，国家鼓励社会各界人士就我国食品安全监管问题提出建议。2009 年颁布的《食品安全法》实际上是回应社会民众需求的一部法律。2014 年，新的《食品安全法（修订草案）》主张形成政府、生产者、消费者、行业协会等共同治理的监管格局。随后，党的十八届五中全会提出食品安全"共享发展"的监管理念，实现"党政同责"。由此可见，议题网络对食品安全监管政策的影响逐渐增大，其所拥有的话语权在不断增加。

总体而言，我国食品安全监管政策由最初的封闭状态逐渐向合作共治方向发展，生产者网络、专业网络、议题网络和府际网络等政策行动主体逐渐参与进来，并凭借自身所拥有的资源对食品安全监管政策运行施加影响，政策网络结构边界逐步呈现开放的发展趋势。

2. 政策共同体、府际网络、生产者网络之间存在合作和冲突

在食品安全监管政策网络中，政策共同体、府际网络、生产者网络三者之间的互动影响着食品安全监管政策的变迁。

首先，政策共同体与府际网络之间存在合作与冲突。在我国的政治体制格局中，中央政府与地方政府存在领导与被领导关系。中央政府作为我国最高行政机关，负责领导全国行政工作，而地方政府作为中央政府在地方行政区域的下级单位，需在中央政府的管控下行使其职权。随着国家治理的转型，中央政府逐渐向地方政府放权，地方政府逐渐演变为政策制定者和执行者双重角色。在食品安全监管政策运行中，中央政府为了维护自身合法性，需从全局角度着手，从社会的整体利益出发制定食品安全监管政策，确保食品安全，维护社会稳定。而地方政府牵涉的利益众多，扮演着承上启下的角色。既要保持与中央政府贯彻的食品安全监管政策价值导向一致性，也要从地方利益的角度出发，谋求地方经济发展。一方面，地方政府作为中央政府的下级执行机关，有职责将政策落实到位，维护食品安全，满足人民群众对食品安全的利益诉求。另一方面，地方政府作为官僚机构，出于理性"经济人"的动机，必然会追求自身利益最大化。府际网络在政策共同的督促下，趋向于对食品安全监管政策进行"选择性""变

通性"行动。

其次，府际网络和生产者网络之间存在利益联盟和冲突。由地方政府组成的府际网络是食品安全监管政策的制定和执行主体，对政策的运行发挥着重要作用。而由食品生产者、经营者组成的生产者网络作为食品安全监管政策的管制对象，他们对食品安全监管政策的响应行为也会间接影响政策的效果。府际网络和生产者网络之间既存在利益一致性，又存在冲突。一方面，地方政府在中央政府的领导下对食品生产者进行监督，严厉打击和惩处假冒伪劣等食品安全问题；另一方面，秉承着"GDP 政绩观"的观念，地方政府从地方局部利益出发，把本地经济增长当成重中之重，需要依靠地方一些"知名"的重大食品企业创造"税收"，增加财政收入，维持当地经济发展，为此对一些食品企业的违法行为"浑然不觉"，迁就姑息，任其肆意妄为。为此，导致我国食品安全监管失灵，影响食品安全政策监督效果。

3. 议题网络行动主体的利益认知和维权意识逐步提升，但政策话语权仍较薄弱

随着经济发展，社会政治逐步开放，以及教育文化水平的提高，公民对自身的权利和利益的认知逐步提升，公民的政策参与和维权意识逐步增强，越来越多的公民参与到政策网络中来。但议题网络成员所拥有的政治权威、信息、知识技能等资源都相对有限，与政策网络中的其他行动者存在一定差距，为此，他们在政策网络中逐步被边缘化，其拥有的话语权也相对比较薄弱。

近年来，我国食品安全事件频频爆发，消费者、民众、社会组织等议题网络成员的维权意识不断增强，借助新闻媒体、社会舆论等方式对食品安全监管政策施加影响，推动各级政府不断对原有食品安全监管政策进行逐步完善，并实施新的措施，如建立食品信息共享机制、设立食品安全问题投诉专线电话等，拓展了普通民众参与食品安全监管的途径，议题网络中各行动主体的参与方式也发生了改变。另外，国家通过组织各种座谈会，深入实地调研，来汇集公民的意见和建议，促进社会公民的维权形式的合法化。然而，在议题网络中，各行动主体数量比较多，议题网络发育较晚，组织稳定性也较差，议题网络成员内部容易出现利益分化，凝聚能力较弱，致使议题网络成员对政策的参与水平不高，在政策网络中的政策话语权仍然有限，其对食品安全监管的利益诉求难以得到重视。

五　结论

基于权力相互依赖关系与各主体间的利益诉求，政策网络理论为分析我国食品安全监管政策变迁提供了独特的分析视角。从表面上看，食品安全事件的频繁爆发是食品安全监管政策变迁的直接影响因素，但从微观层面分析，食品安全监管政策变迁是政策共同体、府际网络、议题网络、专业网络和生产者网络直接互动的结果。从我国的食品安全监管政策演变历程发现，其政策变迁趋势是政策网络边界由封闭逐渐走向开放，政策共同体、府际网络、生产者网络之间存在利益联盟和冲突，议题网络行政主体的利益认知和维权意识逐步提升，但政策话语权仍较薄弱。

参考文献

〔美〕保罗·A.萨巴蒂尔，汉克·C.詹金斯·史密斯（2011）：《政策变迁与学习：一种倡议联盟途径》，邓征译，北京：北京大学出版社，16。

杜兴洋（2015）：《国外政策网络理论研究的最新进展（2010—2015）》，《江汉论坛》，（09）：76-81。

杜兴洋，裴云鹤（2016）：《政策网络视阈下的户籍政策变迁透析》，《中国行政管理》，（05）：88-93。

范永茂（2018）：《政策网络视角下的网约车监管：政策困境与治理策略》，《中国行政管理》，（06）：122-128。

冯贵霞（2014）：《大气污染防治政策变迁与解释框架构建——基于政策网络的视角》，《中国行政管理》，（09）：16-20。

胡颖廉（2016）：《食品安全理念与实践演进的中国策》，《改革》，（05）：26-32。

刘鹏（2010）：《中国食品安全监管 ——基于体制变迁与绩效评估的实证研究》，《公共管理学报》，7（02）：63-80。

马英娟（2015）：《走出多部门的监管困境——论中国食品安全监管部门间的协调合作》，《清华法学》，9（03）：35-43。

倪楠，舒洪水，荀震（2016）：《食品安全法研究》，北京：中国政法大学出版社，24。

倪楠，徐德敏（2012）：《新中国食品安全法制建设的历史演进及其启示》，《理论导刊》，（11）：103。

曲丽（2013）：《法治视角下政府食品安全信息公开责任研究》，《西南石油大学学报》（社会科学版），15（05）：62-65。

任勇（2005）：《政网络的两种分析途径及其影响》，《公共管理学报》，（03）：56。

陶学荣（2006）：《公共政策学》，大连：东北财经大学出版社。

汪全胜（2016）：《我国食品安全信息共享机制建设析论》，《法治研究》，（03）：132-139。

王汉松，陈文，孙梅（2009）：《我国食品等公共卫生监管体系改革和发展历程》，《中国卫生政策研究》，2（02）：40-43。

颜海娜，聂勇浩（2009）：《制度选择的逻辑——我国食品安全监管体制的演变》，《公共管理学报》，6（03）：12-24。

余聪（2016）：《社会共治食品安全的理论基础及实践指导》，《中国国情国力》，（07）：54-56。

周应恒，王二朋（2013）：《中国食品安全监管：一个总体框架》，《改革》，（04）：19-25。

朱亚鹏（2013）：《公共政策过程研究：理论与实践》，北京：中央编译出版社，5。

Atkinson, M. M., Coleman, W. D. (1989). "Strong States and Weak States: Sectoral Policy Networks in Advanced Capitalist Economies", *British Journal of Political Science*, 19 (01): 47.

Benson, K. J. (1982). "Network and Policy Sector: A Frame-work for Extending Interorganizational Analysis," in D. L. Rogers and D. Whetten (eds.), *Interorganizational Coordination: Theory, Research and Implementation*, Ames, IA: Iowa State University Pres, 137-176.

Heclo, Hugh (1978). "Issue Networks and the Executive Establishment," in A. King (ed.), *The New American Political System*, Washington, D. C.: American Enterprise Institute, 87-124.

Rhodes, R. A. W. Marsh, D. (1992). "Policy Networks in British Politics: A Critique of Existing Approaches," in D. Marsh, R. A. W. Rhodes (eds.), *Policy Networks in British Government*, Oxford: Clarendon Press.

Research on Policy Change of Food Safety Regulation Based on Policy Network Theory

Zhao Hehua

Abstract: Since the founding of New China, China's food safety regulation policy has gone through 70 years of development and evolution, and its policy has undergone various adjustments and improvements. Effective understanding of the mechanism behind the change of food safety supervision policy and exploring the factors that influence the change of food safety supervision policy become the key to understand the change of food safety supervision policy. Based on the analysis of policy network theory, it is concluded that the change of food safety policy is related to the structure of policy network and its interaction. The interaction among policy community, intergovernmental network, producer network, issue network and professional network affects the trajectory of food safety policy change.

Keywords：Food Safety Supervision；Policy Change；Policy Network

（责任编辑：林顺浩）

探索争鸣

国际卫生法的发展与未来

王　珂[*]

摘　要： 在全球化的背景下，以国家中心主义为基础的传统国际卫生法，已经无法解决烟草使用这样的全球公共卫生问题。2003 年，168 个国家签署了《烟草控制框架公约》，以期通过全球治理的方式，应对烟草大流行这一严重的公共卫生灾难。通过对《烟草控制框架公约》的提出、谈判过程和文本分析，本文得出结论，即以《烟草控制框架公约》为代表的现代国际卫生法正在从国家中心主义向全球主义转变，这一转变符合全球治理的需求，也代表着国际卫生法的发展方向。

关键词： 全球治理　国际卫生法　国家中心主义　全球主义

一　传统国际卫生法在治理全球公共卫生问题时的困境

（一）传统国际卫生法的国家中心主义特征

从近代国家体系形成以来，国家一直是国际政治中的核心主体（秦亚青，2013）。处理国际关系和国际事务的出发点往往是领土和主权，虽然在对外救助、减贫发展等领域国际组织也扮演着重要角色（姜楠等，2016；蓝煜昕，2018），但对传统国际法而言，主权国家既是国际法的制定者，又是国际法的主要实施者。这一国家中心主义特征在传统国际卫生法上表现得非常明显。

19 世纪中叶到 20 世纪中叶，欧洲和美洲各国为了应对霍乱和其他传染性疾病的传播，签订了一系列隔离检疫和消除国际运输与贸易障碍的国际条约。这是标准的主权国家制定并实施国际卫生法的行为。而 1945 年世界

---

*　王珂，清华大学法学院博士研究生，美国宾夕法尼亚大学联合培养博士生，主要研究方向是国际法、全球治理与公共卫生。

卫生组织成立之后，这种国家中心主义的倾向变得更强了。这一方面体现在，世卫组织总是偏好通过医学-技术路径解决公共卫生问题，通过提供给主权国家医学和技术标准，主要依靠主权国家的国内治理来解决公共卫生问题；另一方面则体现在，世卫组织偏好通过世界卫生大会宣言和决议，发布指南、建议、标准、指导原则等国际卫生"软"法来促进主权国家解决公共卫生问题（Taylor，1996）。世卫组织这种技术路径的偏好和对国际条约的回避，体现了在国家中心主义的主导下，传统国际卫生法在尽量避免将触角伸入公共卫生这一传统的国家内政事务上，而是选择通过采用不触及主权这一敏感话题的和缓方式，尽可能地解决公共卫生问题，维护全球的公共健康。

（二）全球公共卫生问题与传统国际卫生法的困境：以治理烟草使用为例

人类历史上曾出现重大传染性疾病暴发导致一个区域甚至世界范围内人口数量骤减的现象，流行疾病成为威胁人类生存和发展的重要死因。随着全球化的发展，人类社会的互动关系越来越密切，这使原来仅限一地的疾病能够迅速传播与蔓延。此外，由于国际文化交流日趋频繁和信息传播日趋便捷，一些与生活方式和个人行为相关的非传染性疾病也在世界范围内扩散（鲁新，方鹏骞，2016），烟草使用就是一个典型代表。烟草使用跟随着经济全球化的脚步实现了自己的"全球化"，这固然有烟草业利用如贸易自由、外国直接投资、全球通信来完成产业全球化的原因，但是也与发展中国家模仿发达国家的吸烟这一生活方式密不可分。

烟草大流行之所以成为一个全球公共卫生问题，正是因为烟草制品的成瘾性、致死性与跨国性，以及治理这个问题需要全球协同合作。人类使用烟草的历史很长，世界各国治理的历史几乎与之一样长。烟草使用给各国都造成了很大的生命和经济损失，而这种严重后果现在扩散成为全球性的损失。仅在 2013 年一年中，全球就有 600 万人死于烟草使用，而基于现在的趋势预测，到 2030 年，与烟草使用有关的死亡会达到每年 800 万人。烟草业在各国不仅想尽办法掩盖烟草危害的真相，还花重金用于推销烟草制品，游说政府官员，抵制立法，将强大的经济实力转换成政治影响力，成为国家治理烟草使用的巨大阻力。而自由贸易和便捷交通导致的烟草传播的便利与广泛，决定了烟草大流行既不是一个国家的问题，也不是一个国家能解决的问题。疾病与贫困常常相伴而生，因此如何应对烟草大流行将决定人类社会的未来。

传统国际卫生法在治理烟草使用的问题上遇到了困境。早期泛美卫生组织通过了一系列控制吸烟的决议，其后世界卫生组织在 20 世纪 70 年代到 1998 年间，由世界卫生大会通过了烟草控制不同方面的决议共计 17 项。决议的内容从开始时的鼓励和支持有关烟草问题的研究、宣传吸烟危害健康的知识，逐步演变为建议各成员国政府通过卫生、教育、宣传以及与其他有关机构密切协作，采取综合手段（包括教育、限制和立法方面的措施，辅之以税收和价格政策）限制烟草的使用。这些完全依靠主权国家各自在国境内治理烟草使用的国际文件，尽管可以培育国际共识，也对主权国家做出了指导和示范，但是由于缺乏拘束力，更遑论实施与监督，而导致它们的效力极低。在接近 30 年的时间里，除了极少数的高收入国家之外，在中低收入国家无论是吸烟率还是吸烟引发的疾病率和致死率都存在惊人的增长。这实际上就宣告了传统国际卫生法——由于以国家中心主义为基础，只依靠主权国家进行国内治理——在治理烟草使用问题上的失败。

二 传统国际卫生法向全球主义转变：以《烟草控制框架公约》为例

（一）全球治理方案与《烟草控制框架公约》的诞生

由于传统国际卫生法在治理烟草使用上遇到了困境，因此学界开始寻找新的解决方案。烟草的种植会造成环境污染，而烟草使用则会造成生命和财产损失。在这个问题上，烟草种植者、烟草业、烟草使用者的利益诉求存在差异和冲突，需要多种主体参与。但是烟草销售会给一个国家带来大量合法的财政税收，因此主权国家自身很难有政治意愿主动治理。加上烟草业的全球化和贸易自由化，导致一个国家无法独自处理发生在本国境内的烟草流行问题。因此，需要多种主体的参与，需要与其他领域密切合作，也需要全球的同步和协同行动，烟草大流行需要的是以全球治理为出发点的解决方案。

1994 年，美国学者提出，世界卫生组织应当牵头缔结一个有法律约束力的国际条约，以应对烟草大流行。从 1996 年世界卫生大会通过决议正式决定制定《烟草控制框架公约》（以下简称《烟草公约》开始，到 2003 年

168 个国家正式签订《烟草公约》，参与到缔约过程的除了主权国家，还有许多其他主体，包括跨国公司、非政府组织和作为知识精英的个人。与以往不同的是，这些非传统国际法主体在缔约过程中的参与程度都远超过去。举例来说，《烟草公约》的发起者并不是某国政府或者联合国，而是来自美国、加拿大、墨西哥等国的几位公共卫生学者。他们提出了议题，设计了方案，在各国政府和世卫组织内部进行游说，最后促成了缔约工作的启动。在正式开始政府间谈判之前，世卫组织举行了一场公开听证会，有超过 160 个不同的利益相关方出席，并向各方提交了书面和口头证据。这里不仅有大部分跨国烟草公司和国有烟草公司，也包括国际烟草种植联盟、各国消费者协会，当然更包括支持烟草控制的非政府组织。非传统国际法主体的活跃和深度参与，体现的正是像烟草大流行这样的全球公共卫生问题对全球协作和各方力量的需求。

（二）《烟草控制框架公约》的全球主义特征

尽管《烟草公约》是一个由联合国下属的世界卫生组织主持签订的，主权国家签署的国际条约，但《烟草公约》的内容还是体现出了全球主义特征，倡导人类整体性与共同利益，注重国内法与国际法的互动，强调全球相互依存和协同合作，呼吁包括主权国家在内的多种主体共同参与全球事务（蔡拓，2015）。

首先，《烟草公约》的立法目的在于保护全球"卫生公平"。从《烟草公约》的序言特别是序言的第 1 条"认识到烟草的广泛流行是一个对公众健康具有严重后果的全球性问题，呼吁所有国家就有效、适宜和综合的国际应对措施开展尽可能广泛的国际合作"；第 2 条"虑及国际社会关于烟草消费和接触烟草烟雾对全世界健康、社会、经济和环境造成的破坏性后果的关注""严重关注全世界，特别是发展中国家，卷烟和其他烟草制品消费和生产的增加，以及它对家庭、穷人和国家卫生系统造成的负担"来看，《烟草公约》关注的是烟草使用这一全球性问题，谋求的是阻止烟草对全世界健康、社会、经济和环境造成的破坏性后果，以及烟草消费对家庭、穷人和各国卫生系统造成的负担。概而言之，希望通过减少烟草供应和烟草消费，解决由烟草使用造成的贫困和社会不公平，这被称为"卫生公平"或者"卫生正义"。尽管有些学者认为《烟草公约》的立法目的是保护公民的健康权，但是对序言文本进行分析就不难发现，履行《烟草公约》客观上能够实现对公民健康权的保护,然而《烟草公约》着眼的是全球性的"卫生公平"。

其次,《烟草公约》体现了全球法律体制与国内法体制的互动。《烟草公约》中针对各项议题的具体措施,是基于各国(特别是加拿大、美国、新西兰、英国、挪威等发达国家)的最佳实践经验提出的,即将一个有良好实践国家的有效模式与做法通过《烟草公约》推广至全球。这种法律上的统一性正是治理烟草大流行所需要的国际协同行动所需要的基本保障,否则烟草消费会从立法严厉的国家向立法宽松的国家转移,从而破坏治理的效果和进程。此外,国内法和国际法的互动还体现在《烟草公约》对缔约国国内立法的规范上。作为一个国际条约,《烟草公约》罕见地就国家立法规范和管制标准进行了详细的规定,而这是传统国家主权中"国家自治"的部分。例如,《烟草公约》在第 11 条规定了烟草制品的包装和标签,强调大而醒目的健康警语的必要性,要求缔约方在《烟草公约》对其生效后 3 年内使健康警语的面积不应少于主要可见部分的 30%;禁止卷烟产品的包装和标签使用具有误导性的描述性词语,如"低焦油""淡味""超淡味"或"柔和"等。又如《烟草公约》要求缔约国消除烟草公司的政治影响,与烟草的利益相关者不得参与烟草和健康的立法活动,政府应拒绝来自烟草业的资助,政府官员和烟草业之间的利益关系应该透明。这种对国内立法和国内政治的充满细节的规定,正是《烟草公约》突破了传统国际卫生法的做法,将触角深入一国内部的体现。

再次,《烟草公约》突出全球合作的重要性。这种合作包含多种层次,不仅包括国际、区域政府间的合作,也包括一个国家国内机构、人员和市民社会的合作;合作的内容除了公共卫生之外,也包括科学技术、财政资源、信息交换和法律等方面的合作。自序言开始,《烟草公约》的指导原则、一般义务和各项议题共有 23 个条款涉及国际合作事宜(袁利华,2012)。例如在第 4 条第 3 款明确提到"结合当地文化、社会、经济、政治和法律因素开展国际合作……是本公约的一个重要组成部分",以及第 4 款"在国家、区域和全球各级采取多部门综合措施和对策……至关重要"。并且这种合作还包含了发达国家向发展中国家缔约方的援助和支持,例如第 26 条第 4 款中就提到"参加有关区域和国际政府间组织以及金融和开发机构的缔约方,应鼓励这些机构为发展中国家缔约方和经济转轨国家缔约方提供财政援助,以协助其实现本公约规定的义务,并且不限制其在这些组织中的参与权利"。

最后，《烟草公约》强调多种主体，包括各种机构、非政府组织和个人参与治理烟草使用的重要性。例如在第 4 条第 2 款（c）项就提到"需采取措施促进土著居民和社区参与制定、实施和评价在社会和文化方面与其需求和观念相适应的烟草控制规划"，第 7 款则更加言简意赅地指出"为了实现本公约及其议定书的目标，民间社会的参与是必要的"。这也和目前各种国际公约，包括联合国《残疾人权利公约》、联合国《儿童权利公约》等要求的增加公众的决策参与和政策制定趋势一致（张潮，2018）。

三 结论与讨论

在全球化的时代，原本属于一国内政的公共卫生问题也会扩散成为全球公共卫生问题。全球治理之所以需要全球主义的国际卫生法，原因就在于全球公共卫生问题本身的特点。全球公共卫生问题是跨越国界的全球化问题，难以进行明确区隔，需要全球各种力量的参与和合作，既包括从地方到国家到全球的各级机构，也包括卫生部门和非卫生部门的力量，更需要非政府组织、民间社会和个人的参与。但是以主权国家为主导的传统国际卫生法无法适应全球化的这种需要，在其机制中并没有将新兴行为体纳入进来，因此需要向全球主义转变，以适应发展的需要。在处理国际法与国内法的关系方面，国际卫生法摆脱国家中心主义的"不干涉内政"传统转向全球主义的"法律一致性"，也是符合全球治理需要的选择。国际卫生法对国内立法做出详细的规定，国内立法反过来又影响国际法的制定，这种国内法与国际法的互相依存、渗透和互动，使国内法和国际法、有关同一事务的各国国内法，趋向统一和一致。这种全球主义的转变使国际卫生法在面对需要全球协作和统一行动的公共卫生问题时，能够更加高效地发挥效力。

所以，脱离国家中心主义的国际卫生法所具备的全球主义特征，包括倡导人类整体性与共同利益，注重国内法与国际法的互动，强调全球相互依存和协同合作，呼吁包括主权国家在内的多种主体共同参与全球事务，反映并适应了全球治理全方面、多层次的需要。毫无疑问，随着人类社会的互相依存度继续增强，国际卫生法在处理全球公共卫生事务时，会更加需要这些特征。这也是国际卫生法未来的发展方向。

参考文献

蔡拓（2015）:《全球学导论》, 北京: 北京大学出版社, 13-15。

蓝煜昕（2018）:《历程、话语与行动范式变迁: 国际发展援助中的 NGO》,《中国非营利评论》, 21（01）: 1-21。

鲁新, 方鹏骞（2016）:《全球健康治理》, 北京: 人民卫生出版社。

袁利华（2012）:《烟草控制框架公约研究》, 重庆: 西南政法大学, 73。

张潮（2018）:《弱势社群的公共表达: 草根 NGO 的政策倡导行动和策略》,《中国非营利评论》, 22（02）: 1-21。

姜楠, 陈华娟, 梅陈玉婵（2016）:《老年志愿服务: 基于全球视角的政策建议》,《社会建设研究》,（01）: 3-22。

秦亚青（2013）:《全球治理失灵与秩序理念的重建》,《世界经济与政治》,（04）: 4-18。

Taylor, A. L.（1996）. An International Regulatory Strategy for Global Tobacco Control, *Yale Journal of International Law*,（21）: 257.

International Health Law from the Perspective of Global Governance: Development and Future

Wang Ke

Abstract: In the context of globalization, traditional international health law based on state-centrism has been unable to solve the global public health problem caused by tobacco use. In 2003, 168 countries signed the World Health Organization's Framework Convention on Tobacco Control to address the serious public health disaster of the tobacco pandemic through global governance. Through an analysis of the presentation, negotiation process and text of the convention, this paper concludes that, the modern international health law represented by the convention is changing from State-centrism to Globalism, which is in line with the needs of global governance and represents the development direction of international health law.

Keywords: Global Governance; International Health Law; State-centrism; Globalism

（责任编辑: 刘素素）

"变化点"管理：防范高校突发事件的一个分析框架

于灵子[*]

摘　要： 目前我国正处于社会转型的关键时期，由于利益和阶层的分化，潜在社会矛盾和社会问题积聚，高校也进入突发事件的多发期，传统的被动应急管理模式已经难以处理日益复杂的高校突发事件。"变化点"管理理论认为，可以在危机爆发前进行有效的关键节点干预，减少突发事件爆发的危害，降低爆发的可能性。本文从现代制造业引入成熟的"变化点"管理理论，遴选出对高校突发事件影响较大的"变化点"，尝试根据不同风险级别，建立有针对性的分析框架，防范高校突发事件的发生，从而维护教学秩序和社会稳定。

关键词： 高校突发事件　变化点管理　1P3S　预防管理

一　问题的提出

随着我国改革开放的深入和经济社会的快速发展，社会阶层出现分化，不同的利益开始出现博弈和冲突（王名，2019），各种社会矛盾更是不断涌现，曾是"净土"的"象牙塔"也频频发生各类突发事件。据媒体报道，仅在2013年，就有"复旦大学研究生疑遭室友投毒去世""北科大女生清明前夕跳楼身亡""华农大学生食物中毒"等较具代表性的突发事件发生。校园作为社会整体中的重要组织形式、公共空间和生活场域，其突发事件不同于一般的利益冲突性事件，其带来的影响远远超出事件本身，极易引起社会公众和舆论的关注（王民忠，石新明，2005；张潮等，2014）。

对于高校突发事件有不同的定义，但是对于其基本特征和影响有着较

---

　*　于灵子，中山大学传播与设计学院讲师。

为一致的共识，即高校突发事件是指发生在校园内或者发生在校园外但与高校学生有相当密切联系的事件，这些事件一般难以预测，事发突然，不以高校管理者意志为转移，在较短时间骤然发生并且迅速演化成规模较大、造成学生人身伤亡和重大财产损失的、严重影响学校正常教学生活秩序的、对学校造成较大影响的事件（刘峰，2013）。高校突发事件的特点，一般可概括为突发性、危害性、扩散性、敏感性、主体活跃性，其发生率呈现逐年上升趋势，其多因性和不确定性逐渐增强。由其特点可看出，突发事件一旦爆发，就可能一发不可收拾，最理想的状态是从预防做起，防微杜渐，避免突发事件演变为公共危机。

目前在高校中占主导地位的应急管理模式是重事后危机应对，轻事前管理模式。这种模式使高校的管理主体丧失了控制突发事件于萌芽状态的最佳时机。针对这种现状，本文拟就引入"变化点"管理理论指导高校突发事件预防机制方面做尝试性分析，试图构建符合新时期社会背景和校园情景的校园突发事件预防体系和架构。

"变化点"管理，又称4M管理，最早起源于日本汽车制造业，主要用于生产过程中的品质管控，近年来作为"精益生产"（LEAN Production）的核心内容之一，逐渐为制造行业所接纳并得到广泛推广。其核心理念认为，4M，即人（Man）、机器（Machine）、材料（Material）、生产方式方法（Method），这四个生产环节的变化，是导致绝大多数品质问题的根源。要将潜在问题消灭于萌芽状态，就必须密切关注变化的全过程，灵敏地察觉并抓住"变化点"（吉村达彦，2002）。"变化点"管理并非为了管理而管理，而是为了及早发现问题和"防患于未然"，其管理的关键在于使潜在问题（问题的苗头）"可视化"和"及时察觉"。与此类似，由于各种因素（包括外部社会环境、校园内部环境以及学生个体差异等）客观存在，高等教育过程中也存在诸多"变化点"，这些"变化点"是影响学生身心健康的重要因素，是引发突发事件的重要源头。高等教育的特殊属性，决定了学生工作必须以"变"应"变"，重视加强"变化点"管理。

二 高校实施"变化点"管理的基本分析框架

分析框架首先要确定哪些因素是容易引起突发事件的"变化点"，在此基础上再确定这些"变化点"由谁掌握以及如何掌控，从而建立起一套完善的"变化点"管理机制。

（一）确定范围，定义"变化点"

只要对高校的正常运作和学校的教学生活造成影响，并有可能引起突发事件的因素，都可以称为"变化点"。对这些"变化点"进行梳理、筛选和定义，是开展"变化点"管理工作的前提和基础。定义"变化点"时，要发动学生处、后勤处、安保处、就业指导中心、心理健康咨询中心等学校各部门共同参与，更多地倾听一线学生工作者的意见，力求能更好地"接地气"；同时应尽量参考本单位过往突发事件的真实案例，追溯其事发前的"苗头""征兆"以找出相关参考意义的"变化点"。已经定义的"变化点"范围，有可能因时间和客观情况的变化而产生新的改变，实施单位须定时（如以学年为单位）组织召开评审会议进行回顾和更新。以下根据一般突发事件的引发要素，整理出可缩写为1P3S的"变化点"，各高校、院系可根据本单位实际情况，灵活加以调整。

1. 公共事件影响（Public Emergency Events）方面

根据2006年国务院发布的《国家突发公共事件总体应急预案》的分类，对高校突发事件影响较大的有以下几类。

（1）自然灾害"变化点"：水旱灾害，气象灾害，地震灾害，地质灾害，海洋灾害，生物灾害和森林草原火灾等。我国地大物博、自然灾害多发的国情，决定了遍布全国各地的高校也必将受到自然灾害的影响，如近年来台风频繁登陆给沿海地区高校造成困难，汶川大地震给重庆、成都等地区高校正常教学生活造成的困难等。

（2）公共卫生"变化点"：主要包括传染病疫情，群体性不明原因疾病，食品安全和职业危害，动物疫情，以及其他严重影响公众健康和生命安全的事件。如2003年的"非典"事件给不少学生的身心健康带来不良影响。这方面需与校医院、校区所在地的卫生管理部门保持密切联系，并建立及时准确的通报机制。

2. 社会（Society）方面

目前我国的改革开放正进入"深水区"，体制转型的影响是高校突发事件频频发生的深层次原因。部分高校校区处于城乡接合部，周边环境不良，社会治安较不稳定。同时，国际社会政治与外交环境复杂多变，某些敌对势力挑拨离间，这些都是引起突发事件的温床。对此，我们应该关注以下两个方面。

（1）社会大环境"变化点"："热点"事件影响（物价上涨、贫富差距、环境污染等），发生社会性突发事件（政局不稳、社会动荡），外交或政治环境变化（如两国关系恶化）、敌对势力的渗透和煽动（利用各类反华或政治敏感话题开展）等。

（2）社会治安"变化点"：校内治安变化（寝室偷盗案件），校园周围环境变化（城中村、学生街、出租屋管理问题），春节前后的治安恶化（盗抢案件高发）、针对学生的恶意欺诈等。

3. 学校（School）方面

伴随高校办学模式由计划经济向社会主义市场经济模式的急速转型，许多原有的成熟管理模式已经不能适应新环境。大学城建设、"一校多区"、远程教育等新办学模式不断涌现。相关"变化点"可归纳为以下两个方面。

（1）教学相关"变化点"：开设新课程、新教职员上岗、成立新学院、更换教职员等。

（2）后勤服务"变化点"：使用新校区、更换校区、启用新教学设施、宿舍集体迁移、实施新的校园管理规则（如学生宿舍晚间熄灯时间变更）、校园施工、更换后勤承包商（食堂、车队等）等。

4. 学生（Student）方面

当代大学生大部分出生于独生子女家庭，成长于改革开放后物质生活较富裕、传统和外来文化价值观冲突交融的大环境，普遍带有自我意识较强、思想观念较前卫、心理素质差、抗挫折力不足、法律观念淡薄等特质。另外，贫困生问题以及日趋严峻的就业形势，都是引起突发事件的"潜在因素"。对学生个体应该关注以下"变化点"。

（1）家庭状况"变化点"：父母离婚、亲属去世、亲人发生突发事件（财务危机、家庭纠纷）等。

（2）学业状况"变化点"：试用新教材、参加新开设的课程、期末成绩不理想、考试挂科、考级\考研失败、停课、休学、复学等。

（3）情感状况"变化点"：失恋，与舍友或同学赌气、闹矛盾等。

（4）经济状况"变化点"：主要经济来源变化、勤工俭学机会或兼职工作变更等。

（5）人际（社会）交往"变化点"：交往引发人际冲突、求职困难、实习状况不理想等。

（6）生活环境"变化点"：个人更换新宿舍、宿舍加入新舍友、参加国际交流项目、个人外出旅行等。

（7）健康安全"变化点"：突发重大疾病，身体特殊状况（生理期、怀孕），突遭交通事故等。

以上各种"变化点"，依照其性质不同，可分为"计划内"和"突发性"两大类，应对其采取不同应对级别和应对机制。"计划内"，指的是事发前已经预先知道，只需照计划按部就班管理即可，如校园施工、新生入学、军训、毕业班学生求职等。"突发性"，指的是何时发生无法事先预料，必须按照突发事件应对预案快速应对，如群体食物中毒、亲属去世、交通意外等。

（二）建立机制，管理"变化点"

在定义完善"变化点"范围的基础上，实施单位可积极稳妥地建立、推进并完善"变化点"管理工作机制。结合高校学生工作的工作特点，建议设立"变化点"管理工作三项制度。

第一，以各班级心理委员为核心的班级"变化点"管理工作联控制度。班级是学校的最基层单位，做好班级的"变化点"管理，是高校"变化点"管理工作的重中之重。可尝试建立各宿舍舍长—心理委员（班委成员之一）—辅导员—院系领导、校级单位（心理咨询中心、保卫处、校医院）的系统联动汇报机制。通常情况下，对于"计划内"性质的"变化点"，舍长每周向心理委员，心理委员每周向辅导员汇报相关"变化点"，辅导员汇总后定期向院系学工办及学校相关部门通报联络。特殊情况下，尤其是那些"突发性"的"变化点"，则应不定期、在变化发生前后以最快速度进行联络汇报。

第二，以各院（系）为单位建立"变化点"管理中心制度。由各院系领导任责任人，针对各单位有共性的、比较突出的"变化点"，及时跟进处理。在院（系）领导碰头会（如定期的党政联席会）中，可使用"变化点"确认清单，专门留出一定时间关注现阶段较重要的"变化点"，确认现状，分析原因，讨论风险，协商对策，分配责任人并持续关注直至变化所引起的问题点解决。可配合使用"变化点"管理白板进行（见图1、图2）。

"变化点"管理白板——设置于各院（系）"变化点"管理中心。

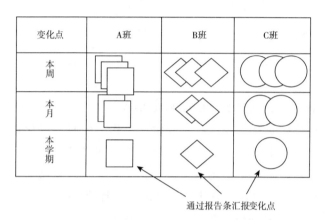

图1 "变化点"管理白板模型

"变化点"报告条——根据1P3S的不同情况以颜色识别。

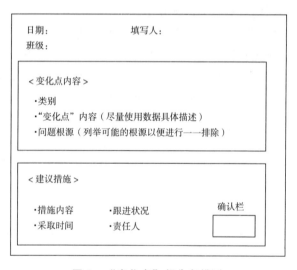

图2 "变化点"报告条模型

第三，以学校具体主管部门为主要责任人的专项"变化点"管理工作制度。如以留学生办公室等部门为主导的针对境外生、少数民族学生特殊情况而成立的"境外生及少数民族学生变化点管理制度"，在某些敏感时期开展特殊预案；以学校后勤管理办公室为主导的"校本部与分校区学生搬迁工作变化点管理制度"，对搬迁前后教学设施、生活环境变化点进行综合统筹管理，保障学生学习生活的平稳过渡等。

（三）"变化点"管理工作的辅助工具

高校在开展"变化点"管理过程中，如能适当使用一些"小道具"，将会起到事半功倍的效果。

1. "变化点"确认清单（Checking list）

结合本单位前期对"变化点"的定义工作，依照"变化点"分类，罗列各"变化点"名称、类别，附加具体描述、更新频率，汇报人、汇报对象，应对方法等，制作"变化点"确认清单。在党政联席会中定期回顾该清单可帮助单位全面而有序地进行"变化点"管理。

2. "变化点"管理白板和"变化点"报告条

为了便于管理，可在各"变化点"管理中心办公室、专项"变化点"管理办公室内设置"变化点"管理白板（见图1），配合"变化点"报告条（见图2），进行日常维护和使用。

白板的使用原则可概括为以下几个。

（1）"简明扼要"原则。每个白板尽量做到能在五分钟内由主要负责人汇报说明清楚，避免长篇大论；具体难题可在另外场合专题展开讨论。

（2）"权责清晰"原则。每张白板的每个版块都必须清晰定义负责更新的责任人，各责任人必须对汇报内容的准确性负责。

（3）"时效性"原则。每张白板必须清晰定义更新频率及最新的更新时间，由各责任人对自己负责的内容及时更新维护。

（4）"可溯性"原则。每张白板须指定一位主负责人，做好原始资料、各版本数据的存档工作，以备万一突发事件时进行原因分析与事后教训总结使用。

（5）"可视化"原则。描述"变化点"时，尽量使用数据或图表，使问题"可视化"；同时须注意颜色的应用，如用红、绿、黄等颜色的变化条分别表示1P3S不同类型的"变化点"，用颜色的深浅标示"变化点"引发突发事件的风险高低，用不同颜色的固定磁条识别"变化点"的类型（属计划内或突发性），方便管理者一目了然地了解信息，有的放矢地加以关注。

（四）注意事项

在高校引入"变化点"管理方式，必须做好以下注意事项。

1. 隐私保护

高校大学生基本上都是具有独立民事权利的成年人，对于涉及其个人隐私方面的个体情况"变化点"，应充分尊重其个人隐私权，做好保密工作，除不得已配合公安机关及安保单位进行调查以外，不得大范围传播。

2. 转变观念

通过"变化点"管理推动高校预防突发事件观念的改变，即从通常认为预防突发事件的发生是辅导员、学校官方主要负责的事，转变为学生干部、教职工全员参与，群策群力做好预防工作。

3. 与高校应急管理预测预警系统有机结合

流畅运转的预测预警系统是应急管理预警的基础（武宇清，王余丁，2007）。而扎扎实实打好"变化点"管理的基本功，才能保障信息监测、信息评估、信息决策和警报传递四个预测预警系统子系统的流畅运转。

三 实施"变化点"管理工作的启发及意义

中国自古以来就有"居安思危""未雨绸缪"的危机防范意识，在《国家突发公共事件总体应急预案》中也明确提出了应对各类突发公共事件时"居安思危、预防为主"的工作原则。目前高校应对突发事件时普遍存在的一个重大误区，便是把突发事件的处理等同于应急管理，而没有很好地把事前的防范工作纳入其中，各地高校制定的突发事件应急管理方面的规章制度，也鲜有事前预防的相关内容。然而实际上，在突发事件的潜伏期就进行预防和解决，才是高校最有效、最成功的"维稳之道"。引入"变化点"管理理论，具有以下重大意义。

第一，在事前预防方面，通过日常对"变化点"的有效管理，高校可有效掌控学生动态，及时把握第一手资讯，认清各类风险点和风险程度，有针对性地落实相关预案，从而杜绝或降低突发事件的发生。

第二，在事中处理方面，对于扎实做好"变化点"管理工作的单位，即便发生突发事件，也可能在第一时间梳理出事件的来龙去脉，提供各种宝贵的数据资料，从而有助于学校方面迅速掌握主动权，找出问题关键点，理清解决思路，协调各方资源，促进事态的平稳解决。

第三，事后的恢复保障与教训吸取方面，"变化点"管理工作提供的前期情报，可为高校平稳高效地恢复正常教学秩序提供有力的信息支持。同时，高校若能在事后基于"变化点"管理理论整理出整个事件的前因后果，反思经验教训，落实相关善后政策，对类似事件的再发预防，也可起到极其重要的参考作用。

总之，作为社会基层单位的高校，若能引入"变化点"管理理论，以"变"应"变"，必将有助于高校增强抵御突发事件的能力，维持高校教学秩序稳定，从而为提高社会的整体和谐做出巨大的贡献。

参考文献

〔日〕吉村达彦（2002）：《卜ヨ夕式未然防止手法 GD3》，日科技连出版。

刘峰（2013）：《做好高校突发事件应急管理工作的思考》，《思想教育研究》，（08）：69-71。

王民忠，石新明（2005），《高校突发事件应急机制初探》，《思想教育研究》，（06）：34-35。

王名（2019），《共建共治共享格局下多元主体的权利边界及公共性之源》，《国家治理》，（28）：3-6。

武宇清，王余丁（2007）：《高校危机管理预警系统研究初探》，《中国高教研究》，（05）：66-67。

张潮，李晓方，章晓英，周树林（2014）：《群体性抗争事件中的政策设计与社会建构——以乌坎事件的处理过程为例》，《中国非营利评论》，14（02）：90-113。

Responding to Changes with Change：An Analytical Framework for the Management Theory of "Change Point" to Prevent Emergencies in University

Yu Lingzi

Abstract：Nowadays, China is in the critical period of social transformation, due to the differentiation of interests and classes, potential social contradictions and social problems have accumulated, colleges and universities have also entered a period of frequent emergencies. The traditional passive emergency management model has been difficult to deal with the increasingly complex emergency in colleges and universities. The management theory of "change point" can make effective key node intervention from the crisis before the outbreak, and reduce the harm of the outbreak of emergencies as well as the possibility of the outbreak. This paper introduces the mature "change point" management theory from the modern manufacturing industry, selects the "change point" which has a great influence on the university's emergency, tries to establish a targeted analysis framework according to different risk levels, and prevents the occurrence of university emergencies, so as to maintain the teaching order and social stability.

Keywords: University Emergencies; Change Point Management; 1P3S; Prevention Management

（责任编辑：单良）

地方实践

新时代基层党组织活力提升路径研究

——以广东省东莞市为例*

郑超华**

摘　要：欲筑室者，先治其基。基层是我们党的工作重心和执政基础，更是我们党的活力源泉所在。基层党组织活力是基层党组织组织力的基础，是基层党组织战斗力、凝聚力、向心力的形成条件，是党的生命力的重要表征，关乎党的执政地位和执政根基的巩固发展。要进一步提升基层党组织的政治活力、制度活力、引领活力、创造活力，以活力支撑组织力，以组织力促进活力，以期更好地巩固党的执政基础，夯实党的执政根基，实现党的执政使命。

关键词：基层党组织　组织活力　东莞

基础不牢，地动山摇。习近平总书记指出："基层党组织是党执政大厦的地基，地基固则大厦坚，地基松则大厦倾。"① 党的十八大以来，以习近平同志为核心的党中央高度重视基层党组织建设工作，提出了一系列新思想、新理念、新要求，强调要以提升组织力为重点、突出政治功能来加强基层党组织建设，推动基层党组织建设取得了重要成效。"党的工作重心在基层，执政基础在基层，活力源泉也在基层"②。实践证明，一个组织要对内产生凝聚力、向心力，对外产生战斗力、组织力，提升组织内部的活力至关重要。基层组织是党的基本细胞，是党的生命力的重要表征，细胞

＊　本文为国家社科基金重点项目"长期执政条件下中国共产党密切联系群众动力研究"（15ADJ004）的阶段性成果之一。

＊＊　郑超华，博士，中共东莞市委党校党建与统战理论教研部讲师、助理研究员，主要从事党史党建与基层治理研究。

① 习近平：《在全国组织工作会议上的讲话》，人民出版社，2018，第13页。

② 中共中央文献研究室编《十七大以来重要文献选编》，中央文献出版社，2009，第8、223页。

活力影响和决定了党的肌体活力和健康程度，影响和决定了党能否始终成为中国特色社会主义事业的坚强领导核心，影响和决定了党能否肩负起实现"两个一百年"奋斗目标、实现中华民族伟大复兴、实现人民对美好生活的向往的初心和使命。为此，必须不断激发和增强基层党组织活力，以活力支撑组织力，以组织力促进活力，进一步巩固党的执政基础，夯实党的执政根基，实现党的执政使命。

一 基层党组织活力的内涵及其重要性

基层党组织是党在社会中的战斗堡垒，也是党的执政之基和力量之源。所谓基层党组织活力，是党组织生命力的一个重要表征，是指基层党组织在党中央和上级党委领导下，在宣传、贯彻、落实、执行党的路线方针政策和开展党内政治生活中所表现出的思想活力、制度活力、创新活力、引领活力。只有每个基层党组织都充满活力，党的整体组织才能坚强有力、永葆生机活力。

（一）强化党的领导核心地位的必然要求

习近平总书记在党的十八届五中全会第二次全体会议上的讲话中强调："能不能保持经济社会持续健康发展，从根本上讲取决于党在经济社会发展中的领导核心作用发挥得好不好。"[①] 新中国成立 70 年来，特别是改革开放以来，我们党团结带领全国各族人民，以一往无前的奋斗精神和气势磅礴的创新实践，坚定不移地推进社会主义现代化建设，取得了举世瞩目的伟大成就，使中华民族、中国人民、中国共产党的面貌发生了翻天覆地的变化。历史和实践充分证明，"中国特色社会主义最本质的特征是中国共产党领导，中国特色社会主义制度的最大优势是中国共产党领导，党是最高政治领导力量"[②]。当前，我们党在社会主义现代化建设中的领导地位和核心作用，是其他任何政治力量无法取代的。但同时，各种社会组织、民间机构、社会团体的大量涌现，与基层党组织争夺群众、争夺阵地，基层党组

---

① 习近平：《在党的十八届五中全会第二次全体会议上的讲话（节选）》，《求是》2016 年第 1 期。

② 习近平：《决胜全面建成小康社会 夺取新时代中国特色社会主义伟大胜利》，《人民日报》2017 年 10 月 28 日，第 1 版。

织也面临着群众组织力和社会号召力薄弱的现实困难。为此，要站在巩固党的领导核心地位的政治高度，通过大力提升基层党组织活力，巩固党的长期执政地位。

（二）永葆党的先进性纯洁性的必然要求

党的基层组织是党的细胞，只有每个基层组织都充满活力，整个党组织才会蓬勃向上，生机盎然。从总体上看，我们党的基层组织绝大多数是好的，但也存在部分党组织软弱涣散，组织力、活力不强，战斗堡垒作用没有充分发挥的问题。特别是随着社会主义市场经济体制改革的深入推进，利益分配方式、群众就业方式、社会组织方式等越来越多样，反作用到党内，则是党员思想意识形态日趋复杂多元，基层党组织教育、管理、监督党员的难度越来越大，永葆党的先进性、纯洁性的难度日趋叠加。从本质上说，永葆党的先进性、纯洁性，要求我们党要增强党员发挥先锋模范作用的意识、氛围和合力，利用独特的政治优势有效整合各种组织资源，不断增强基层党组织的生机活力，这样才能确保我们党始终走在时代前列，成为真正的马克思主义执政党。

（三）实现"两个一百年"奋斗目标的必然要求

当前，中国特色社会主义进入了新时代，我们党正处于领导全国各族人民实现"两个一百年"奋斗目标的关键时期。实现这一奋斗目标，实现人民对美好生活的向往，"是当代中国共产党人最重要最现实的使命担当"[①]。历史和实践充分证明，任何一次大的社会变革，都需要广大群众自觉参加，也需要一批批勇于走在时代前列的先进分子加以引领。作为中国工人阶级的先锋队，同时是中国人民和中华民族的先锋队，我们党必须发挥先锋模范带头作用，必须以党的自我革命推进新时代伟大社会革命，激发各级基层党组织和广大党员的创造活力，始终保持党同人民群众的血肉联系，并从人民群众中汲取无穷的智慧和力量，这是确保"两个一百年"奋斗目标如期实现的重要保证。

---

① 习近平：《在"不忘初心、牢记使命"主题教育工作会议上的讲话》，《求是》2019 年第 13 期。

二 东莞基层党组织活力提升的做法和成效

改革开放以来，东莞市委坚决贯彻落实党中央决策部署，在广东省委的正确领导下，以改革创新精神全面推进党的建设新的伟大工程，着力提升各级党组织活力，创造了一系列具有东莞特色的经验做法，推动东莞成为"我国沿海农村社会主义建设一个成功典型"①，成为广东乃至中国改革开放一个生动而精彩的缩影。特别是党的十八大以来，在以习近平同志为核心的党中央坚强领导下，在广东省委的指导帮助下，东莞市委学习贯彻习近平新时代中国特色社会主义思想，紧密结合习近平总书记对广东的重要讲话和重要指示批示精神，深入贯彻落实中央、省委关于加强和改进新形势下基层党建的决策部署，扎实开展党的群众路线教育实践活动、"三严三实"专题教育、"两学一做"学习教育、"不忘初心、牢记使命"主题教育，高度重视抓基层、打基础、强基业工作，推动全面从严治党向基层延伸，推进基层党组织全面进步、全面过硬，基层党组织活力得到大大提升，取得了重要成效。

（一）恢复健全严肃党内政治生活

1980 年，东莞县委组织广大党员干部认真学习《关于党内政治生活的若干准则》，在基层党组织恢复实施"三会一课"制度，联系实际整顿党风党纪，恢复和发扬党的理论联系实际、实事求是、群众路线等优良传统作风，党内民主生活逐步恢复，各级党组织的活力和战斗力逐步提升。严格按照党章要求，按期召开第四、五次党的代表大会，并根据 1985 年县改市实际，召开第六次党的代表大会，贯彻民主集中制，加强党对各方面工作的领导，加强对党员管理，要求党员做到"三个一"②。1988 年，东莞抓住升格为地级市的重大契机，根据党中央和广东省委的部署，开始民主评议党员试点工作，此后形成了在每年 6 月普遍开展一次民主评议党员工作的制度，成为加强党员教育、管理和监督的党内生活重要规范。特别是在党的

---

① 中共中央办公厅调研室：《东莞十年——对我国沿海农村社会主义建设一个成功典型的考察》，《人民日报》1988 年 8 月 14 日，第 1 版。

② 即：一个月过一次组织生活，一个季度上一次党课，一年到市、镇（区）党校参加一次轮训，外出党员及时向党组织汇报思想工作。

十八届六中全会之后，东莞贯彻落实《关于新形势下党内政治生活的若干准则》，进一步巩固党的团结和集中统一，保持党的先进性和纯洁性，增强党的生机活力。

（二）整顿软弱涣散基层党组织

1989年，东莞市委对农村后进党支部进行整顿，从集体经济、生活水平、支部核心、精神文明等方面制定整顿标准。理顺市直机关党组织关系，建立各战线机关党委，原市直机关党委改为市直机关工委。1991年，市委加强党支部建设，提出建设好党支部的"五条标准"①。1994年，市委根据中央组织部《关于加强党员流动中组织关系管理的暂行规定》的精神，加强流动党员管理，有效解决"口袋党员"组织生活问题。1995年，市委在农村基层组织中实施"五个好"②目标，加强农村党组织建设。1998年，市委实施培养发展农村新党员工程，把在农村里涌现的政治素质良好、热心村级事务的经济能人整合起来，将优秀分子培养成入党积极分子发展成党员，改善全市农村党员队伍结构，使农村党的建设充满生机活力。同年，要求市属国有企业党建工作按照"四有"③目标进行。1999年，为加强企业党建工作，市委制定了《东莞市企业党组织工作暂行规定》，指导和规范企业党组织的运作。同时大力加强非公有制企业党建工作，扩大党的工作覆盖面。到2000年底，全市非公有制企业建立党组织81个，共有党员2306名。特别是党的十八大之后，东莞针对社会治理存在的困境，以整顿党组织、提升凝聚力和战斗力为抓手，对部分党组织服务意识差、服务能力弱、信访矛盾纠纷集中、信访积案较多、越级上访问题突出等问题进行集中整顿，结合党内主题教育，建立健全"一核心、两联席、三统筹、四公开、五监督"等相关机制，有效增强基层党组织活力，一批群众反映的热点难点问题得到解决，基层社会矛盾明显减少，群众满意度明显提升。

---

① 即：一是有一个能贯彻执行党的路线、方针和政策，坚持社会主义方向，带领群众走共同富裕道路的领导班子，特别要有一个坚强、能干、公道的支部书记；二是有一支能密切联系群众，在生产、工作、学习和社会生活中起先锋模范作用的党员队伍；三是积极带领群众发展商品生产，壮大集体经济；四是坚持"两手抓"，切实加强思想政治工作和精神文明建设；五是注意协调和发挥其他组织作用。

② 即：一是建设一个好的领导班子，要有一个好书记；二是培养锻炼一支好队伍；三是选准一条发展经济的好路子；四是完善一个好的经营体制；五是健全一套好的管理制度。

③ 即：有一个好班子，有一支好的党员队伍，有一个好的工作机制，有一套好的工作制度。

（三） 以制度为支撑强化管党治党刚性约束

2014 年，东莞市委制定《市领导干部外出请示报告制度》《关于规范文件制发若干事项的通知》等制度，开展党内规范性文件清理，查阅 1988 年 1 月以后市委党内规范性文件 3912 份，梳理需清理的文件 291 份，全部提出清理意见并制发清理决定，进一步更新完善了党内规章。2015 年，提出关于加强纪律建设推进全面从严治党的意见，进一步提高广大党员干部在新常态下抓好党的纪律建设的自觉性和责任感，落实党风廉政建设"两个责任"报告制度、约谈诫勉和履职报告制度，坚持"一案双查"、从严问责，努力营造风清气正的政治生态。2017 年，市委印发"一号文"《关于深入推进全面从严治党进一步加强领导班子建设、干部队伍建设、党的作风建设的意见》，提出深入开展"为官不为"整治、完善领导干部政绩考核体系、健全全面从严治党督查问责制度等 12 项重点工作，着力解决干部队伍存在的责任担当、能力素质、精神状态、工作作风等方面的与新形势新任务新要求不相适应的问题。同时，印发《关于建立健全常态化谈心谈话机制的意见》《关于组织人事部门对领导干部进行提醒、函询和诫勉的操作规程》等党内规章制度，推动党建工作制度化、规范化、科学化。2018 年，市委围绕新时代党的建设总要求制定了全面加强党的政治建设、思想建设、组织建设、作风建设、纪律建设等 5 份实施方案，并印发了贯彻落实《广东省加强党的基层组织建设三年行动计划（2018—2020 年）》《东莞市基层正风反腐三年行动实施方案（2018—2020 年）》等实施方案，从制度层面强化管党治党约束。

（四） 推动基层党建和社会治理相融互促

随着东莞新型城镇化不断推进，经济结构、社会结构产生了深刻的变化，给党建工作和社会治理工作等都带来了严峻的挑战，社区党建、园区党建、市场党建、楼宇党建、产业党建、"小个专"党建等党建新领域不断涌现，基层党的组织建设和社会治理同时面临许多新情况、新问题。为此，东莞主动适应社会形态和社会组织架构的变化，以基层党建引领基层社会治理创新；充分发挥党的组织优势，探索党建和社会治理互动融合有效机制，切实把党的组织优势转化为推动社会治理的强大力量；针对党组织服务能力弱问题，一些地方以改善民生为突破口，调整党的组织设置、优化党的活动方式、改进党的活动内容，补足补齐基层工作这块短板，推动组织、队伍、资源、机制等有机融合；探索构建基层党建网格和社会治理网格"两网融合"工作机制，统筹基层党建；打造智能信息化基层党建平台，通过线上线下、网站和手机的完全对接，与社会治理网格融为一体，推动基层党建工作智能化、精细化、人性化，实现了党建信息数据的快速收集、融合和发布，使党建信息能够快速传播，更好地联系服务群众，把党组织建到社会治理网格中，实现为民服务"零盲点"，等等。通过这一系列重大举措，取得了"落一子而活全盘"的效果，使社会治理事半功倍，并使党建和社会治理融合产生集聚和裂变效应，释放党建工作在社会治理中的巨大能量。

（五）不断推进基层党建工作创新

2003 年，东莞市委借助全国保持共产党员先进性教育活动试点单位契机，在非公经济组织和流动党员主要是外来流动党员中开展了一系列党建工作创新，总结确认核查流动党员身份的九种途径和三道程序，创造了"独立式、联合式、挂靠式、派驻式"等党组织设置模式，成立市镇两级企业工委，初步建立了"一证一卡"管理制度，有效解决了"口袋党员"问题。2004 年，首次举办"党旗飘扬——东莞企业党员文化艺术节"，增强党员对党的感情和企业归属感。2005 年，加强对非公有制经济组织流动党员管理，提出"一站一证一卡系统"管理模式，对获得"十大非公企业党员敬业标兵"的党员还可免费入户。2006 年，出台进一步加强"两新"组织党的建设的意见，在全市各镇（街道）建立流动党员管理服务中心，在村（社区）和大型工业区建立流动党员管理服务站，形成了完整的"一站一证一卡一系统"[1] 的管理模式，有效推动了流动党员管理工作经常化、制度化和规范化。2007 年，根据农村、社区党员人数逐年增长，党员分布和从业状况呈现多样性、分散性、流动性等特点，探索将 10 个村（社区）党支部改设党委，开展基层党组织设置改革。2008 年，在"两新"组织中全面实行党员承诺制，推动党员志愿服务，有效发挥党组织和党员队伍在应对国际金融危机中的作用。2009 年，部署开展"特色党建示范区""机关党建百

---

[1] 即："一站"就是设立流动党员登记站；"一证"就是东莞市流动党员活动证；"一卡"就是流动党员登记卡；"一系统"就是"两新"组织中党组织和流动党员管理系统，对流动党员实行动态管理。

佳"创建活动，推动基层党组织"个个创特色，个个有品牌"。2010年，在开展创先争优活动中，在省内率先设立619个党代表工作室，将全市4549名党代表统一安排驻党代表工作室，为领导干部带头创先争优和党代表发挥作用创造了平台。2011年，成立市社会组织工委，加大"两新"组织党建工作推进力度，推动"两新"组织党建工作继续走在全国前列。2013年，创新党代表工作室构建模式，获得第二届全国基层党建创新案例活动最佳案例奖。2017年，创新非公企业"两学一做"常态化制度化，获得全国党建研究会非公企业党建主题征文一等奖。2018年，创新"小个专"党建工作，专题片《串起散落的红珠》获得第十四届全国党员教育电视片观摩交流活动作品二等奖。2019年，创新园区党建工作，构建城市基层党建工作新格局，获得全国城市基层党建创新案例最佳案例，成为广东省唯一一家地级市城市基层党建工作入选案例。

三　新时代提升基层党组织活力的路径和思路

新时代，东莞基层党组织建设虽然取得了重大成效，但部分基层党组织也面临着组织领导弱化、从严管党治党不力、组织建设缺失、组织活力不足等问题，党组织教育党员、管理党员、监督党员和组织群众、宣传群众、凝聚群众、服务群众的职责功能未能完全发挥。为此只有贯彻党要管党、从严治党方针，扎实做好抓基层、打基础工作，使每个基层党组织都成为政治过硬、本领高强、朝气蓬勃的坚强战斗堡垒，才能凝聚起筑梦前行的蓬勃伟力！

（一）进一步提升基层党组织的政治活力

旗帜鲜明讲政治，是马克思主义政党的根本属性。"党的政治建设是党的根本性建设，决定党的建设方向和效果。"[①] 这就决定了基层党组织在增强活力的过程中，必须首先解决自身政治性的问题，特别是解决对党建工作认识不清、认识偏差、认识不足的问题，自觉履行党建主业、主责、主绩原则。一是以抓"主业"的姿态抓党建。当前，以经济建设为中心，进一步解放和发展生产力，仍然是解决社会主要矛盾的重要基础。与此同时，

---

① 习近平：《决胜全面建成小康社会 夺取新时代中国特色社会主义伟大胜利》，《人民日报》2017年10月28日，第1版。

如果我们党松了、垮了，那么经济发展成就也无法得到巩固和保障。因此，要严格落实从严治党要求，将基层党建工作摆在与经济社会工作同等重要位置来抓，破除党建工作是"副业"的观念，在谋划部署业务工作时一并考虑党建工作，在日常工作中强化党组织地位和党员身份意识，在推进重大事项时注重发挥党组织作用。二是以抓"主责"的担当抓党建。新时代、新使命，呼唤新担当、新作为。要重点落实好党委、党委（党组）书记、党委委员等党员干部抓基层党建工作"第一责任人"责任、"一岗双责"制度，切实解决抓党建与抓业务"一轻一重"的问题，建立健全责权明晰、分工明确、任务具体的党建工作责任清单和党建工作责任体系。三是以抓"主绩"的高度抓党建。树立正确的政绩观，坚持从巩固党的执政地位的大局看问题，落实习近平总书记提出的"把抓好党建作为最大的政绩"的根本要求，全面落实党建工作的绩效考核评估，充分利用各种杠杆强化各级党组织正确的"政绩观"。

（二）进一步提升基层党组织的引领活力

随着我们党所领导的伟大社会革命的深入推进，基层社会及社会成员思想意识形态已经从"单位化""单一化"的业态形式向"碎片化""原子化""多元化"转变，这就要求各级基层党组织更要提升引领社会发展、聚合社会力量的本领能力。一是围绕中心抓党建。把党建工作要求与基层社会建设发展任务有机结合起来，把经济社会发展的难点作为党建工作的重点，使党建工作渗透、融合到经济社会发展的各个层面，不断回应人民群众提出的新期待、新诉求，增强党组织对新时代改革发展的推动力及贡献度。二是服务大局促发展。基层党组织要加快实现从重管理向重服务的职能转变、从管理者向服务者的角色转变，把服务发展作为方向、服务社会作为关键、服务群众作为根本、服务党员作为基础。加大力度利用社会化手段增强党建工作合力，孵化培育党建服务品牌、服务平台、服务项目，进一步做好党建工作与社会发展的融合工作。三是强化引领做表率。充分发挥基层党组织的政治引领和社会整合功能，支持和培育服务性、公益性组织发展，实现党组织和党的工作全社会覆盖，把人民群众紧密团结在党组织周围。在基层社会管理中积极发挥基层党组织导向作用、推进作用和协调作用，推动基层党组织赢得群众威信，提高社会认同程度，增大党建工作影响力。

（三）进一步提升基层党组织的制度活力

贯彻落实党的十九届四中全会精神，把基层党组织的制度优势切实转化为基层社会治理效能，健全和完善基层党组织治理体系和治理能力现代化，提高党组织运行的适应性、有效性和可持续性。一是加强党建人才队伍建设。落实新时代党的组织路线要求，着力培养一支忠诚、干净、有担当的高素质专业化党建人才队伍，加大专业化培训力度，提高党务工作人员职业化、专业化能力，促进党务工作从副业转为专业。二是健全党建经费投入机制。加大财政补贴力度，将年度党建工作经费纳入各级财政预算，并统一标准，与经济社会发展同步增长。完善党费返还机制，扩展党的活动经费奖补和社会化支持力度，拓宽经费保障渠道。三是完善党建考核评价机制。落实党建工作目标考核制，建立健全分领域、分行业、分层级的科学可行的党建工作绩效考核评价体系。加大年终考核、巡视巡查、日常督查力度，把定性考核与定量考核结合起来，将考核结果与干部任用、评先表优结合起来，充分运用党建工作考核结果。

（四）进一步提升基层党组织的创造活力

从实际出发，充分利用"大数据""物联网""区块链"等新载体和新手段，创新党员教育、管理、监督方式，创新党组织活动开展方式，创新基层党组织引领社会发展模式，确保党组织坚强有力，"树根""火车头""战斗堡垒"等作用充分彰显。一是创新教育管理监督方式。改变过去机械灌输的教育方式，尊重和发挥党员主体地位作用，根据不同领域、不同层次党员的不同要求，有针对性、富有成效地进行教育管理和监督，使教育真正入心入脑、管理真正有效、监督全面有力。二是创新组织活动开展方式。改变面面俱到、硬性规定、上下一边粗、左右一个样、整齐划一的僵化方式，落实《中国共产党支部工作条例（试行）》，以问题为导向，以实效为原则，采取更加灵活、小型、务实的工作方式，提高党组织活动的参与度和吸引力。三是创新基层党建工作方式。坚持分层分类指导，坚持目标责任管理，把基层党建工作分解细化到群众工作的各个领域、各个环节，借助信息化手段，推动基层党建务实有效，真正做到为民服务解难题，成为我们党巩固群众根基和执政基础的重要支撑。

稿　约

1. 《社会建设研究》（*Social Empowerment Studies*）是致力于现代社会建设和社会治理创新研究的专业学术出版物，由清华大学公共管理学院 NGO 研究所和东莞社会建设研究院联合主办，明德公益研究中心承办，暂定每年出版两卷。《社会建设研究》秉持学术宗旨，采用专家匿名审稿制度，评审标准以学术价值、学术规范为依据，鼓励理论和方法创新，尤其欢迎青年学者和博士研究生投稿。

2. 《社会建设研究》设"主题对话""案例研究""他山之石""学术新知""文献评述""前沿书评"等栏目，刊登多种体裁的学术作品。具体涉及社会治理创新（跨域治理、基层自治、互联网治理）、社会政策（社会保障、公共服务、公共事业）、社会发展（公民参与、社会组织发展、公益慈善）、普惠金融（民间金融、公益金融、公益创新）等相关领域。

3. 来稿须为作者本人的研究成果。作者应保证对其作品具有著作权并不侵犯其他个人或组织的著作权。译者应保证译本未侵犯原作者或出版者的任何可能的权利，并在可能的损害产生时自行承担损害赔偿责任。

4. 《社会建设研究》热诚欢迎国内外学者将已经出版的论著赠予本集刊编辑部，备"前沿书评"栏目之用，营造健康、前沿的学术研讨氛围。

5. 《社会建设研究》刊载的部分论文和书评，经与作者协商后可以进一步翻译为英文，刊登在英文刊物 *China Nonprofit Review* 上。

6. 根据国内外权威学术刊物的惯例，《社会建设研究》要求来稿必须符合学术规范，在理论上有所创新，或在资料的收集和分析上有所贡献；书评以评论为主，其中所涉及的著作内容简介不超过全文篇幅的四分之一，所选著作以近年出版的本领域重要著作为佳。

7. 来稿切勿一稿多投，本集刊恕不退稿，投稿一个月内作者会收到评审意见。

8.《社会建设研究》鼓励学术创新、探讨和争鸣，所刊文章不代表本集刊编辑部立场，未经授权，不得转载、翻译。

9.《社会建设研究》集刊以及 *China Nonprofit Review* 所刊载文章的版权属于《社会建设研究》编辑部所有；但在本集刊所发文章的观点均属作者个人观点，不代表本集刊立场。本声明最终解释权归《社会建设研究》编辑部所有。本集刊不向作者支付稿酬，文章一经刊出，编辑部向作者寄赠当期刊物 2 本。

10. 作者投稿时，可选择投电子稿或纸质稿。电子稿件请发至：socialempowerment@ 163.com。纸质稿请寄至：北京市海淀区清华大学公共管理学院 309 室《社会建设研究》编辑部，邮编 100084。

来稿体例

1. 各栏目内容和字数要求：

"案例研究"栏目发表社会建设和社会治理领域的原创性研究成果，主要围绕相关领域的实际运行情况进行描述和分析，鼓励理论和方法创新，字数以 8000~15000 字为宜。案例应包括以下内容：事实描述，理论框架，运用理论框架对事实的分析以及对相关理论的修正或者贡献。有关事实内容，要求准确具体。

"他山之石"栏目发表社会建设、社会治理领域港澳台地区以及国际的相关研究成果，以国际经验、模式以及比较研究为主，字数以 8000~15000 字为宜。

"学术新知"栏目主要发表青年学者（包括博士研究生）的最新研究发现和研究动态，鼓励新思想、新方法、新理论，字数以 5000~15000 字为宜。

"文献评述"栏目刊登国内外社会建设和社会治理相关主题的研究现状和前沿介绍、文献综述等，字数以 6000~10000 字为宜。

"前沿书评"栏目评介重要的社会建设、社会治理研究著作，字数以 5000~8000 字为宜。

2. 稿件第一页应包括如下信息：（1）文章标题；（2）作者姓名、单位、通信地址、邮编、电话与电子邮箱。

3. 稿件第二页应提供以下信息：（1）文章中、英文标题；（2）不超过 400 字的中文摘要，不超过 400 字的英文摘要；（3）2~5 个中文关键词和英文关键词。

4. 稿件正文内各级标题按 " 一、""（一）""1.""（1）" 的层次设置，其中 "1." 以下（不包括 "1."）层次标题不单占行，与正文连排。

文章标题及文内标题基本格式：

行间距 24 磅。

中文标题：黑体，三号，居中，空一行。

英文标题：Calibri，三号，居中，空一行。

作者：宋体，小四号，加粗，居中，空三行。

英文作者：Times New Roman，小四号，倾斜，居中，空两行。

中文摘要：【摘要】和【关键词】，五号宋体加粗，空两格；摘要内容五号宋体；每个关键词之间空两格，空一行。

英文摘要：Abstract：Times New Roman，五号加粗，空两格，摘要内容 Times New Roman，五号；每个关键词之间加分号，空一行。

正文内标题：

"一"宋体，四号，加粗，居中，前后空一行；

"（一）"宋体，小四号，加粗，空两格，前后空一行；

"1."宋体，小四号，加粗，空两格，前后不空行。

正文内容：中文宋体，小四号，英文 Times New Roman，小四号。

参考文献："参考文献"四个字，黑体五号，空一行。

5. 各类表、图等，均分别用阿拉伯数字连续编号，后空一格并注明图、表名称；图编号及名称置于图下端，表编号及名称置于表上端。

6. 本集刊刊用的文稿，采用国际社会科学界通用的"页内注+参考文献"方式。

基本要求：说明性注释采用当页脚注形式。注释序号用①、②、③……标识，每页单独排序。文献引用采用页内注，基本格式为：书目（作者，年份：页码），期刊（作者，年份）。外国人名在页内注中只出现姓（容易混淆者除外），主编、编著、编译等字眼以及译文作者国别等字眼都无须在页内注里出现，但这些都必须在参考文献中注明。

文末列明相应参考文献，参考文献中外文分列（英、法、德等西语可并列，日语、俄语等应分列）。中文参考文献按照作者姓氏汉语拼音音序排列，外文参考文献按照作者姓氏首字母排序。基本格式为：

中文宋体，小五号，空两格。

英文 Times New Roman，小五号，空两格。

作者（书出版年份）：《书名》（版次），译者，卷数，出版地：出版社。

作者（文章发表年份）：《文章名》，《所刊载书刊名》，期数，刊载页码。

英文采用 APA 格式。

举例：

宋亚娟（2011）：《从国家中的社会到国家与社会共治》，《社会建设研究》，（3）：1–18。

费孝通（1998）：《乡土社会、生育制度》，北京：北京大学出版社。

Davis, D.（1995）. *Urban Spaces in Contemporary China: The Potential for Autonomy and Community in Post-Mao China*, Cambridge University Press.

Wellman, B. & Leighton, B.（1979）. "Networks, Neighborhoods, and Communities Approaches to the Study of the Community Question", *Urban Affairs Review*, 14（3）：363–390.

图书在版编目（CIP）数据

社会建设研究. 第九辑／王名，谢小薇主编. -- 北
京：社会科学文献出版社，2020.1
ISBN 978-7-5201-6043-8

Ⅰ.①社… Ⅱ.①王… ②谢… Ⅲ.①社会发展-研
究-中国 Ⅳ.①D668

中国版本图书馆 CIP 数据核字（2020）第 014467 号

社会建设研究（第九辑）

主　　编／王　名　谢小薇

出 版 人／谢寿光
责任编辑／黄金平

出　　版／社会科学文献出版社·政法传媒分社（010）59367156
　　　　　　地址：北京市北三环中路甲 29 号院华龙大厦　邮编：100029
　　　　　　网址：www. ssap. com. cn
发　　行／市场营销中心（010）59367081　59367083
印　　装／三河市尚艺印装有限公司

规　　格／开 本：787mm×1092mm　1/16
　　　　　　印 张：11.25　字 数：186 千字
版　　次／2020 年 1 月第 1 版　2020 年 1 月第 1 次印刷
书　　号／ISBN 978-7-5201-6043-8
定　　价／65.00 元